哪有时间不够这回事

战拖达人◎著

黑龙江教育出版社

图书在版编目（CIP）数据

哪有时间不够这回事 / 战拖达人著. -- 哈尔滨：黑龙江教育出版社, 2017.4
（读美文库）
ISBN 978-7-5316-9193-8

Ⅰ.①哪… Ⅱ.①战… Ⅲ.①时间—管理—通俗读物 Ⅳ.①C935-49

中国版本图书馆CIP数据核字（2017）第096958号

哪有时间不够这回事
Nayou Shijian Bugou Zhehuishi
战拖达人 著

责任编辑 曾令欣
封面设计 MM末末美书
责任校对 关雨飞
出版发行 黑龙江教育出版社
（哈尔滨市南岗区花园街158号）
印 刷 保定市西城胶印有限公司
开 本 880毫米×1280毫米 1/32
印 张 7
字 数 140千
版 次 2017年7月第1版
印 次 2017年7月第1次印刷

书 号 ISBN 978-7-5316-9193-8 定 价 26.80元

黑龙江教育出版社网址：www.hljep.com.cn
如需订购图书，请与我社发行中心联系。联系电话：0451-82533097 82534665
如有印装质量问题，影响阅读，请与我公司联系调换。联系电话：010-64926437
如发现盗版图书，请向我社举报。举报电话：0451-82533087

前　言

Preface

在我们周围，到处都是忙忙碌碌的人，他们为生活操心，为生计奔波，为工作劳碌，忙于处理没完没了的烦琐事务，忙于应酬各式各样的人……每个人都想把时间的弹簧拉长一些，在时间的海绵中多挤出一点来。每个人每天都有24小时，可是许多人都觉得时间不够用。

“为什么时间总是那么少？”

“我的时间又被占用了。”

“时间总是和我作对。”

“我挪不出时间。”

“工作时间太紧张。”

“没有时间休息，太累了。”

“只要我有更多的时间，我就会……”

他们不断地抱怨。但是他们没有发现，其实时间一直在他们手中，占用时间的正是他们自己，使时间变少的也是他们自己。他们所说的那些话，正说明了时间是可以被自己管理的，可以被自己掌控的，可以被自己支配的。

“为什么时间总是那么少？”——时间是可以量化的所有物。

“我的时间又被占用了。”——时间可以被拥有。

“时间总是和我作对。”——时间可以影响心理状态。

“我挪不出时间。”——时间可以被挤出来。

“工作时间太紧张。”——时间可以分配。

“没有时间休息，太累了。”——时间可以抽出来。

“只要我有更多的时间，我就会……”——时间可以被支配。

这些话告诉我们，时间是可以被个人制造、拥有、使用的能源，是可以为个人所掌握的。

每一天我们都过得不一样，但如果以一个时间段来看，你对于时间的利用与分配却是大致相同的。你也许常常会看表，知道每一个时刻，但你可能并不知道时间是怎么消失的，不清楚它们是怎么被你用去的。这些都源于你不会利用时间，不会管理时间，不会驾驭时间，因此你总是被时间牵着走，永远感到时间不够用。

是时间不够，还是你不会用时间？其实没有时间不够这回事！珍惜时间的人，永远有时间；漠视时间的人，一直缺时间。勤奋的人，时间越来越多；懒惰的人，时间越来越少；积极行动的人，占尽时间先机；拖延散漫的人，处处落后于时间；懂得规划时间的人，是时间的主人；不善管理时间的人，成为时间的奴仆……

本书从当代人的生活和工作实际状况出发，剖析了人们工作、情绪、生活失衡的种种现象，揭示了人们感觉时间不够用的内在原因。同时，本书提供了一系列掌控时间和工作的高效方案，引导广大读者科学统筹时间，合理分配时间，高效利用时间，走出忙碌、盲目、茫然、无序、低效的泥潭，在工作和生活之间游刃有余，创造高效的人生。

时间永远够用，就看你怎么用！一本适用于任何人任何情境的时间管理手册，为你带来一场时间管理的革命。翻开本书，你的人生也将翻开崭新的一页。掌控时间，掌控工作，掌控人生，从本书开始。

目 录

Contents

PART 06 时间和效率是整理出来的

PART 07 排除干扰，夺回时间主动权

PART 01

时间不够？哪有这回事

我们时常感叹时间不够用，然而我们又时常漠视时间、虚掷时间。想一想，你有多少时间花在不切实际的空想上了？有多少时间花在自由散漫上了？有多少时间花在无休止的抱怨上了？有多少时间花在看电视、上网、聊天上了？有多少时间花在拖延上了？……

时间是最伟大、公正的裁判，如果你荒废时间，等待你的将是时间的无情惩罚。时间无限，人生短暂，记住：时间是一条金河，莫让它轻轻地在你的指尖溜过。

是时间不够，还是在虚度年华

现在不少人时间观念不强，不珍惜青春时光，缺少上进心，不愿意在学习和业务技能上投资时间，而是将大把大把的时间浪费在一些没有意义的事情上。

他们抵不住生活中的种种诱惑，沉湎其中，流连忘返，以至忘了时光的存在。

每一天下班之后，或者节假日，我们就习惯性地打开电视或电脑，一坐下来就是几个小时，甚至是通宵，影响了第二天的工作质量。

我们也在第二天艰难起床时发过誓，今天再也不要看那么久电视，上那么久网，然后，到了晚上，看电视依旧，上网依旧。

我们看电视看什么？看电视连续剧。上网干什么？大多数人是在刷微博、聊微信或者玩游戏。总之是一句话：不是打发时间，就是被时间打发。

电视和网络，给我们带来快乐的同时，也让我们深陷其中无法自拔，明知道这样会消耗掉我们的大把时间，会耽误学习、工作，甚至是透支健康，可是我们依然乐此不疲。因为我们难以拒绝，也因为我们不想拒绝。

电视和网络上的内容再精彩，也不是我们的真实生活。我们真正的角色在现实生活之中，在社会舞台之上。

出现在我们身边的诱惑不止电视和网络，还有很多很多。我们并不是不知道自己想要什么，想做什么，想去哪里，可是面对这些诱惑时，我们依然驻足。

在这个世界上，因为没有战胜眼前诱惑而遭受灭顶之灾的人，数不胜数。对于一个有着七情六欲的人来说，每一种诱惑都难以拒绝，因为它能带给我们巨大的快乐和快感。

有的年轻人会说，这个世界很无奈，很无助，我们需要精神寄托。我们已经走得很累，活得很辛苦，只有在电视和网络上，才能让自己稍作停留。

我们有多少时间被电视剧吸引？有多少时间沉浸在游戏的世界里？有多少时间在胡思乱想？“没时间、没精力干这件事情”，其实意味着我们还没有把这件事真正纳入到日程上来。

“谁若游戏人生，谁就一事无成。”浪费时间就是在虚度年华，到头来只能一事无成，成功只能与你无缘，幸运也不会光顾你这里。

我们的精彩，在人生的舞台上，不在虚拟的世界里。我们今生不是为了当一名看客，而是要成为精彩剧情的主角。

是时间不够，还是在耽于空想

每个人都有理想，但多年以后，有多少人实现了自己的理想呢？是这些目标不切实际吗？是这些目标遥不可及吗？还是我们没有这个实现的机会？都不是。

一项计划很容易在脑海里呈现，让我们坚定不已，甚至还确信这是必将实现的计划。由于工作繁忙，还有很多重要的事情要处理，所以一推再推，"反正这也不是一朝一夕能够完成的事情，何必把自己搞得那么紧张呢？等忙过这阵再做也不迟嘛。"当我们一次一次这样想的时候，这个计划在脑海里就渐渐淡漠了。

有想法的人很多，但是真正着手去做的人不多。我们总是给自己找一大堆借口，事实上，这些所谓的借口都不是真正意义上的理由，只要想做，总会挤出时间。那些忙得不亦乐乎的人，有多少时间用在重要的事情上？

成功不是等来的，把希望寄托在将来，是一种无意义的等待，只会使你的计划落空。那些说时间不够用的人，不是时间太少，而是他们要干的事情太多。那些无意义的、琐碎的事情占据了绝大部分时间，而你没有把时间留给最重要的事情。

换句话说，这件事对我们来说还不是很急迫。

当我们有一份工作可以解决温饱的时候，对今后的人生构想可能就不急于去付诸实施，因为我们还没有紧迫到那种程度，没有那么大的生活压力驱使我们硬着头皮去做我们要做的事情。

延误生命中重要的事情，就是在荒废我们的生命。

人与人之间没有太大的差别，那些成功人士，都是计划的有效执行者。光想不做的人，惰性十足，也不是真正意义上的上进，那种想归想，做归做的做法，是对自己人生不负责任的一种体现。这种人除了抱怨以外，只有羡慕别人的份儿。

别不在乎时间，一眨眼几年过去，时光流走不再回，逝去的不仅是时光，还有失败和无尽的悔恨。等到穷途末路的时候，再想扭转乾坤，谈何容易！等有一天我们眼前的路越走越窄的时候，一切都晚了。正值青春年少，在这个时候不打好基础，等精力、体力都不在的时候，想努力，心有余而力不足，剩下的只有叹息。

如果我们有梦想，就该脚踏实地做我们该做的事情。没有任何理由和借口，把想做的都做到，一步一个脚印，用自己的行动构筑成功的基石，没有行动的计划永远都只是空谈。只有行动，才能让梦想实现，才有可能让自己成为命运的主宰者。

是时间不够，还是在偷懒散漫

有一位热心于慈善事业的企业家，总是尽自己所能帮助那些生活在贫困线以下的人。有一次他听说某山区的一个村子很穷，穷得连最基本的温饱都解决不了。于是他便决定向那个穷山村捐一笔钱，用来帮助他们脱贫致富。

捐钱之前，企业家决定亲自到那个村子看看。他去了一户村民家里，在那个黑洞洞的屋子里，他看到那家人正在吃饭。他们没有桌子，没有凳子，甚至连双筷子也没有。一家人就这样捧着饭碗蹲在地上，用手抓着饭吃。看到这一幕，企业家有一种揪心的感觉，恨不得立刻就能改变这个村的现状，他决定回去后要做的第一件事就是马上把钱拨过来。

可是当他走出那户村民家后，却突然改变了主意。回去之后，他撤销了捐助的决定。对此人们百思不得其解。后来企业家道出了原委：原来就在他走出那户人家时，突然注意到门前有一大片竹林。“守着竹林，他们连桌凳和一双筷子都懒得做，给他们钱又有什么用呢？”企业家非常痛惜地说。

人都有惰性。睡在阳光下，暖洋洋的不想起来；坐在树荫下聊天；不愿工作或沉迷于娱乐厅中流连忘返，致使好多应该做的事情没有做，也使好多本应成功的人平平淡淡，其罪恶之首，就是懒惰。

法国著名天文学家卡米尔·弗拉马隆身边曾有过一名懒惰而又贪睡的助手，由于他的失职，使弗拉马隆对星球的观察不止一次地遭到失败。有一次，这个助手又睡得错过了每天一次的夜间星球观察。弗拉马隆实在忍耐不住了，便生气地对他说：“又错过机会了！就在你睡觉这段时间里，这颗星已经跑了几亿公里了……现在你给我到草垛里找针去吧……”

佛经上说：“何其自性本自清净，何其自性本自具足。”

有些人本来自身存在着潜能，却不知道开发利用，而是一味地向别人求乞或甘于沉沦。其实，对于每个人来说，惰性是最大的敌人。

有了惰性后，人做事就会变得自由散漫，可以马上做完的事不立即完成，今天推明天，明天推后天。现今许多年轻人奉行“今天不为待明朝，车到山前必有路”。结果，事情没做多少，青春年华却在这无休止的拖拉中流逝殆尽了。当今社会，瞬息万变，日新月异，崇尚竞争和效率，赢得时间就是赢得了更多的机会，获得了更多的主动权，从而为成功奠定了坚实的基础。所谓“时间就是生命，就是效率”便是最好的写照。浪费时间，实在是一件“罪莫大焉”的事。

浪费时间，有两种方法：一种是主动浪费，一种是被动浪费。所谓主动浪费，是指由于自身的原因而造成时间的浪费。譬如说，你明明知道睡一觉时间会白白地逝去，可你偏偏要睡一觉。所谓被动浪费，是指由于他人的原因或突发事件而造成的时间浪费。比如说在你工作时，同事与你白白闲聊了两小时，这两个小时就是被动浪费了。

许多人的懒散，是因为形成了习惯。对于这样的人，无论用什么理由，都不能使他自觉地行动起来。因此，需要重新训练，培养良好的积极工作的习惯。

如果你要想成功，就一定要戒懒，否则，无论多么好的设想、计划，就宛如细小的泉水滚落积水深潭一样，难得再奔跃向前。那么，所谓成功、攀高峰也只能是一句空话。

是时间不够，还是在消极颓废

消极情绪，包括愤怒、悲伤、憎恶、不安、惊慌、恐惧、委屈、痛苦、张皇失措、不满、嫉妒等。据心理学家研究，消极情绪会使人失去心理上的平衡，使人浑身无力，长期呆滞而不知所措。经常反复出现情绪失调会引起神经活动的机能失调，之后神经机能病就转成各种各样的疾病。

人一旦产生消极情绪，就会悲观失望，怨天尤人，不思进取，于是时间就在他的声声叹息中一分一秒地流逝。

由于事物是独立于人们主观想象之外的，人们常常希望如愿以偿，但人们的主观愿望往往和客观事物相矛盾。所以，在人生道路上，出现不顺心的事，甚至痛心疾首的事在所难免，要善于摆脱消极情绪。消极改变不了过去，更不能改变现在，与其悲伤，不如行动，给自己规定有意义的目标，并马上为达到这些目标而努力。1932年，诺贝尔医学奖得主谢灵顿，出生于伦敦贫民窟，又是一个孤儿，从小沾染了不少恶习，周围的人断定他成不了器，他处之若泰，无意悔改。长大成人后，有一次他向一个在牛奶棚工作的女工求婚，那女工回答说："我宁愿跳到泰晤士河淹死，也不嫁给你。"女工的鄙视和拒绝深深刺痛了谢灵顿，使他从迷雾中惊醒。于是他悄然离开伦敦，致力攻读，终于成为举世闻名的生理学家。

我国古代理学家程颐说过："最大的罪过莫过于自暴自弃。"自暴自弃，像条永远啃啮着心灵的毒蛇，吸取着心灵的新鲜血液，并在其中洒入令人厌世和绝望的毒液。如果一个人在困难、挫折、失败面前吓破了胆，从此自暴自弃、消极起来，那么，成功将同他绝缘，失败就成了他一生事业的终结。爱迪生在回答记者问他获得成功的主要经验时说："很简单，无论何时，不管怎样，我也绝不允许自己有一点点灰心丧气。"一部科学史表明，在科学研究中失败多于成功。同样是曲折的道路，有志者认为是大好时机，懦弱者却视其为不可逾越的高山。

美国的"支配时间专家"，在向人们介绍支配时间的秘诀时指出："摆脱消极情绪。你这个人好比是一个容器，里面盛着的流质是时间和精力。消极情绪就好比这个容器底部的漏洞，你能在多大程度上堵塞住这些漏洞，就有多少时间和精力去从事那些有待你去完成的事情。摆脱消极情绪，你就会发现你有了意想不到的时间、精力和能力。"一位不知名的哲学家把这点概括得很好："一个人生活中的阴影，多半是他本人挡住了太阳光所形成的。"

时间的大河滔滔而过。曾经在人生中遇到各种各样不幸的人们，让我们像爱迪生、谢灵顿等人那样，"摧伤虽多意越厉，直与天地争春晖"，客观地认识自己，客观地认识环境，摆脱消极情绪，抬起头来，勇敢地驾驭生命的航船，开足马力，追上去！

是时间不够，还是在沉湎往事

由于社会结构与阶层发生了重大变化，社会资源与利益重新分配组合，社会地位与经济利益受到冲击的那一部分人，极易产生失落感，但又无能为力，只能通过怀旧的方式来表达对现实的遗憾。

从主观方面来看，怀旧实质上是一种对现实生活的躲避和遁逃，是一种特殊的机制。它把我们所不想回忆的痛苦和压抑隐藏了、忘却了，以至于我们自己永远不会再想起。另一方面，它又把我们过去生活中美好的东西大大强化了、美化了，以至于人们在几次类似的回忆后，把自己营造的回忆当作现实。另外，个人的失落感也容易导致人们产生怀旧心理，以寻找昔日的安宁与情调。

有的人十分热衷搞同乡会、同学联谊会，这是对过去的友人、恋人的怀旧和依恋。这包括幼儿园园友、小学校友、中学校友、大学校友……有的男士女士，过去曾有过一段恋情，因故未成连理，如今已届中年，旧情萌发，开始“第二次握手”。

有的人过分看重过去所取得的功绩，把所获得的奖状、勋章、奖品保存得完美无缺，时常追忆“想当年”那辉煌的经历。相比之下，现在这些荣誉的光环正逐渐在消失，心里时常有失落感。其实，这种怀旧心理，渴望“回到从前”的愿望，只是心灵的谎言，是对现实的一种不负责的敷衍。

现代人常说“活在当下”，就是指活在今天，今天应该好好地生活。这其实并不是一件很难的事，我们都可以轻易做到。

昨天就像使用过的支票，明天则像还没有发行的债券，只有今天是现金，可以马上使用。今天是我们轻易就可以拥有的财富。一个人如果沉湎过去，无异于是对时间的无度挥霍，是对生命的一种浪费。

正常的怀旧有一种寻找宁静、维持心灵平和、返璞归真的积极功能。这方面的功能多一些，病态的、消极的心态就会减少。但是，过分地沉溺在对往事的追忆中，就会变成病态的怀旧。这种心理不仅阻碍个体适应环境，也对社会变革产生阻力。在人际交往中只能做到“不忘老朋友”，但难以做到“结识新朋友”，个人的交际圈也大大缩小。有病态怀旧行为的人很难与时代同步，这有碍于他们自身的进步与发展。

这世上再也没有什么能比今天更真实了。即使能回到从前，也会有太多的遗憾，就像一个早已愈合了的伤口，又被我们重新揭起。那些我们无法改变的事实，那些我们无力填补的空白，都是因为我们当初错过了“今天”的结果。

迎接今天的最佳姿势就是站立，用你的手拂去昨天的狂热与沉寂，用你的手推开明天的迷雾与霞辉，用你的手握住今天的沉重与轻松。把迎风而舞的好心情留在今天，把若隐若现的阴影也留给今天。

对自己所走过的道路要有满足感，不要老是追悔过去，埋怨自己当初这不该，那也不该。理智的人不注重过去留下的脚印，而应该立足今天，珍惜和把握今天的宝贵时间。

是时间不够，还是在闲谈聊天

传说，一个爱说废话而不爱用功的青年，缠住大科学家爱因斯坦，要他公开成功的秘诀。爱因斯坦给他写了一个公式：A=X+Y+Z。这个青年问道："先生，这是成功的秘诀吗？"爱因斯坦告诉他说："A代表成功，X代表艰苦的劳动，Y代表正确的方法……"青年又着急地问道："Z代表什么呢？"爱因斯坦回答："代表少说废话。"

爱因斯坦把珍惜时间、少说废话，放在和艰苦劳动、正确方法的同等地位上，作为在事业上有所建树的条件，而且他本身就是这方面的楷模。物理学家英费尔德曾经十分生动地描述了爱因斯坦珍惜时间，不说废话的情形。有一次，英费尔德去找爱因斯坦，看见他穿着没有领头的衬衫，皱得一塌糊涂的裤子，一双光脚塞在皮鞋里……见面后竟连一句"忙啊""什么时候到的"这类家常话也不说，只问英费尔德懂不懂德语，后者说懂得之后，爱因斯坦就说："那我们谈谈，现在我正在研究什么吧。"嘴里叼着那早已熄灭的烟斗，不时提一提那条太大的裤子。一直讲到下午结束时，才说了一整天来第一句，也是唯一的一句与物理学无关的话："从这个窗户看出去景色多美呵！"大科学家牛顿也是不说一句废话的，有一次参加一个会议，半天只说了一句话："把那个窗户打开。"

空话是很要不得的。据南朝刘义庆的《世说新语》记载，魏晋空谈风之盛、之荒诞，实在出人意料，令人震惊，有人谈起空话来饭也不顾吃，有的空谈起来则连性命也不顾。鲁迅先生说："社会上……许多人只会无端地空谈和饮酒，无力办事，也是影响到政治上，弄得玩'空城计'，毫无实际了。"这就是说空谈之风影响到社会，大家都空谈，不务实际，是要唱"空城计"的，一个国家、一个社会靠唱"空城计"能持久吗？所以历代贤君明相大都是反对空话、空谈的。《朱元璋传》里，谈了这么一个有趣的故事：洪武九年，刑部主事茹太素上书报告五件事，写了17 000字，朱元璋让人读给他听，读到6 370字，还听不到一点具体内容。朱元璋发火了，把茹太素打了一顿。第二天夜里，又躺着让人读来听，读过16 500字，才有5件事的具体内容。5件事中，竟有4件是可行的，就赶快令人去办。朱元璋又做了自我批评："今朕厌听繁文而驳问忠臣，是朕之过。"并从此规定了上书陈言之法："若官民有言者，许陈实事，不许繁文。"洪武十二年，又立"案牍减烦式"，颁发各衙门。

人生有限，知识无穷。富兰克林青年时代为了学到知识，曾下决心"克服一切坏的自然倾向、习惯或伙伴的诱惑"。他给自己制订了一项包括13个名目在内的道德计划，比如为了矫正空谈和说笑话的习惯，他列了"沉默"一条，要求自己做到："除非于人于己有利之言不谈，避免琐屑的谈话。"奉劝那些嘴上喊"忙呀""时间不够呀"，可就是不好好实干，爱吹牛聊天的人，不妨向富兰克林学习，闭上你聊天的嘴巴，塞上你爱听无聊传闻的耳朵，抓紧时间学习和工作吧！

是时间不够，还是在抱怨不休

生活中，很多人爱抱怨，对他们来说，抱怨是一件随时都会发生的事情。

早上起床晚了，抱怨的人会想“唉！又要扣工资了”；走在路上，与别人撞了一下，抱怨的人会想“没长眼睛啊”；到了公司，有个同事对面走过连个招呼也没打，抱怨的人会想“对我有意见？我还懒得理你呢”；喝口水呛着了，抱怨的人会想“怎么这么倒霉，喝水都要找我麻烦”；吃饭咬到沙子，抱怨的人会想“谁洗的米，沙子都不去掉”；下班了，领导说大家留一下，晚上要开会，抱怨的人会想“又开会，怎么不在工作时间开啊？我和女朋友的约会怎么办”；晚上回到家，累得不行，抱怨的人会想“为什么生活会这么累啊”……

抱怨，在很多人那里，是一种习惯。该上课的时候却抱怨天天上课累得要死，没课的时候却抱怨没事可做闲得要烂掉；晴天时抱怨天天是太阳真没创意，雨天却抱怨这鬼天气下得人真烦。

但是，抱怨对生活有助益吗？本来是一桩微不足道的小事，你的抱怨把焦点投注于人或事，事情本身便被放大了、看重了。

本来不去注意就很快会消失的情绪，因为你负面的反应，变得恶化了，因此抱怨的结果徒使事情更加恶化而已，于事无补。抱怨不仅伤害情绪，而且还浪费时间和精力，以致丧失机遇。

在一个旅店中，女主人天天牢骚满腹，让人不胜其烦。但是有一天，一位旅客发现，三个黑人小孩正趴在桌上认真地写着什么。

这位先生好奇地问道："小家伙们，你们在做什么呢？"

最大的一个男孩子，十岁左右的样子，头也没抬地答道："哦，先生，我们在写感谢信呀！这是妈妈吩咐每天必做的。"

果然，每个人的纸上都有几行字，最大的孩子写了五六行，其次的写了还不到三四行，最小的一个四五岁的样子，写了不到两行。

只见他写道："路边的小花今天开得很漂亮，我今天吃到了一块很好吃的蛋糕……"简单而幼稚的文字中处处充盈着幸福的味道。

聪明的母亲正在教孩子们感恩生活，而自己却在时时地抱怨生活，所以没能看到从身边溜走的幸福。

你整天抱怨，抱怨就成了一种葬送时间和生活的习惯；如果你像故事里那三个小孩一样，每天用心感谢生活，让感恩成为习惯，那么幸福也会成为一种习惯。

我们永远不要抱怨。抱怨是没有用的，时间不会因为你的抱怨而增加，生活也不会因为你的抱怨而改变，抱怨只是对时间的一种浪费。

是时间不够，还是在故意拖延

18世纪英国诗人爱德华·扬曾经大声疾呼：“拖延是偷光阴的‘贼’。捉住它！”

有的人在决定做一件大事时，总是会徘徊犹豫，反复斟酌到底要不要做。这种矛盾的心理常常会让我们拖延，一直到放弃，我们的目标也因此与我们拉远了距离。

在日常生活中，有许多应该做的事，不是我们没有想到，而是我们没有立刻去做。可能是因为忙，比如一个事务繁忙的人，想到某一件事该做，但他当时没有时间，于是想“等一下再说吧”，但等一下后又为其他事务分了神，就把这件事忘了。还可能是因为懒惰的恶习，比如有些人虽然不忙，可是他喜欢拖延。该做的事虽然想到，却懒得立刻着手去做，心想“以后再说吧”，可时过境迁，已经失去适当的时机了。或者客观因素的影响，比如常听人说：“我知道今天该做这件事，但是今天我情绪不好、状态不好、条件不好，这样那样不好，这件事肯定做不好，还是以后再说吧。”这些理由都会导致无止境的拖延，最后造成了办事效率低下，也让本不该错过的机会也失去了的结果。

曾经有一个人养成了偷偷摸摸的习惯，每天都要偷邻居家的一只鸡。有人劝他说：“正正经经地做人，要懂得是非好坏和礼义廉耻。偷东西可绝不是好人的行为啊！”这人听了，表示要坚决改正自己的错误，于是说：“既然如此，就让我慢慢地改正吧。从今天开始，我少偷一些，由每天偷一只改作每月偷一只，到明年再停止偷吧！”既然知道自己错了，就应该立即改正，何必要等到明年呢？

很多人喜欢拖延，将今天的事情拖到明天，将明天的事情拖到后天，这样一拖再拖，就有很多事情给拖拉下来，而时间却悄无声息地流失了。如果你有这样的习惯，那就是在浪费自己的生命。

有一些谚语和格言很值得拖延的人体味。

“犹豫是时间的盗贼。”

“等时间的人，就是浪费时间的人。”

“今天的事情不要等到明天去做，明天做的事，今天要去想。”

“少年辛苦终身事，莫向光阴惰寸功。十年老不了一个人，一天误掉了一个春。”

“年少力强，急需努力；错过少年，老来着急。”

“明日复明日，明日何其多？”

“路从脚下起，事从今日做。”

拖延就是在荒弃时间，拖延是失败的祸根。其实拖延就是纵容惰性，也就是给了惰性机会，如果形成习惯，它会很容易消磨人的意志，使我们对自己越来越失去信心，怀疑自己的毅力，怀疑自己的目标，怀疑自己的能力，甚至会使自己的性格变得犹豫不决，养成一种办事拖拉的坏习惯。

做人永远都不要拖延，要准时地做好每一件事情。

你的时间就是这样被“吃掉”的

美国著名高尔夫球手阿尔福德说：“片刻的时间比一年的时间更有价值，这是无法变更的事实。时间的长短在重要性和价值上并不成正比。偶然的、意想不到的5分钟就可能影响你的一生。但谁又能预料这个重要时刻在什么时候来临呢？”

每天的时光都是造物主赐予我们的珍贵礼物，它新奇、亮丽，充满着各种美妙的机遇。岁月易逝，不要为了无用的念头就虚度年华，浪费精力；不要眼盯着时钟，企盼光阴飞逝；不要虚掷它，不要浪费它，因为你未来的财富就在今天珍贵的时间里。

所以，你的时间就一定会花在高价值的活动上（无论是为了成就或让自己开心）。希望你先认识清楚，哪些是把时间“吃掉”的低价值事务。

以下列出最常见的10项，以防你有所疏漏：

（1）别人希望你做的事。

（2）老是以同样方式完成的事。

（3）你不擅长的事。

（4）做时无乐趣可言的事。

（5）总是被打断的事。

（6）别人也不感兴趣的事。

（7）如你所料已经花了两倍时间的事。

（8）合作者不可信赖或没有品质保障的事。

（9）可预期进行过程的事。

（10）接无用的电话。

果断抛开这些事，绝不要让这些琐碎的事情占用你的时间。

大凡有所成就的人，都具备一个基本特征——善于利用他们的时间去做高回报的工作。高回报工作就是肯定能带给你最大回报或报酬的工作。当你在工作中攀登成功阶梯时，你就会感到有越来越多浪费时间的琐事发生。为了能够集中精力去做重要的事情，你必须摆脱这些琐碎的事情的干扰。你可以先将各种浪费时间的情况一一描述，然后找出相应的对策，用以避免或者更有效地处理这类情况。

PART 02

追随时间的人，时间也追随他

人生于天地之间，犹如白驹过隙，忽然而已。如果你跟得上时间的步伐，你就不会被时间抛弃，你就不会默默无闻。

我们应当学会用现代人的标准来严格地要求自己，紧紧跟上时间的步伐，成为一个有崇高生活目标的人，一个攀登不息的人，一个刻苦进取的人，一个不畏牺牲的人，一个有着深刻时间观念的人。追随时间的人，时间也追随他。时间，只属于与时间同行的人。

时间属于勤奋努力的人

时间属于勤奋的人。据说，苏东坡没有事的时候喜欢静坐读书，一坐就是半天。他还作了一首诗道：“无事此静坐，一日为二日，若活七十年，便是百四十。”另有一个古人喜欢睡觉，一睡就是半天。一次，他的朋友去看他，快到晌午才见他懒洋洋地爬下床。这位朋友就戏改苏东坡的诗讽嘲他说：“无事此静卧，卧起日将午，若活七十年，只算三十五。”

我国著名诗人朱自清，在他的散文《匆匆》中有这样一段生动而形象的描绘：“太阳他有脚啊！轻轻悄悄地挪移了；我也茫茫然跟着旋转。于是——洗手的时候，日子从水盆里过去；吃饭的时候，日子从饭碗里过去；默默时，便从凝然的双眼前过去。我觉察他去的匆匆了，伸出手去遮挽时，他又从遮挽着的手边过去……”因为时间是转瞬即逝的，只有勤奋，才能抓住时间，在事业上有所作为。

古往今来，没有哪一个成功者，不是勤奋的人，在中国古代有如映雪（孙康性嗜学，家贫无油，冬夜尝映雪读书）、囊萤（车胤恭勤博览，家贫不常得油，夏日以练囊盛数十萤火，夜以继日）、画荻（欧阳修生四岁而孤，母亲教读书，家贫无纸笔，以荻画地学书）、啖粥（范仲淹少与友人在长白僧舍修学，唯煮粟米二升作粥，一器盛之，越宿逐凝。刀划为四块，每餐取一块，断韭菜数茎于盂，暖而啖之，如此者三年）。

而在国外，据说血液循环的发现者哈维一生中共有121次休假，却没有真正休过一次，其中前61次用来做实验，后60次用来搞研究。达尔文说："我相信我没偷过半小时的懒。"有一次，他连续发烧几个星期仍然坚持工作，费尔巴哈指出："他认为哪怕有一个小时没有献身于知识，那也是一个重大的损失。"爱迪生则是"除了睡觉，没有一分一秒闲着"。据说门德列夫发现化学元素周期律以后，引起了很多想成名成家而又懒于动脑的年轻人的兴趣。有一次，一个青年问他："您是怎样想到你的周期系统的？"门德列夫听了，大声笑起来，回答说："这个问题我大约考虑了20年，而您却以为是突然就成的，事情并不是这样。"

巴尔扎克曾经说过："时间是人的财富、全部财富，正如时间是国家的财富一样，因为任何财富都是时间与行动化合之后的结果。"勤奋工作的人，视时间如财富，他们珍惜手头的每一分钟，抓紧一切可利用的时间工作，因此他们能够拥有比一般人多得多的时间，也能取得比一般人更多的成就。

时间属于锲而不舍的人

马克·吐温曾说过，19世纪出了两个了不起的人物，一个是拿破仑，一个是海伦·凯勒。海伦是美国著名的聋盲女作家、教育家。她出生后19个月便患了一场猩红热，重病夺去了她的听力和视力，她又聋又瞎，同时嘴巴也发不出声了。看来这么一个五官三废的一岁半的幼儿一辈子也没有什么希望了。但是后来由于她顽强不屈、刻苦奋斗，在老师的指导下，不但奇迹般地学会了读书和说话，而且知识渊博，她学懂的文字就有英、法、德、拉丁、希腊五种之多，出版了14部著作。她从24岁大学毕业后到她逝世这60多年的时间里，跑遍美国各地，周游世界各国，全心全意为聋盲人的教育和福利事业做贡献，曾受到许多国家的政府、人民和高等院校的赞扬和嘉奖。1959年联合国发起“海伦·凯勒”世界运动。

可以想象，一个自幼五官三废，世界对于她来说是一片黑暗和寂静的聋盲人，要学会读书、说话、写字，最后成为著名作家和学者，要克服多么大的困难啊！然而海伦在她的老师安妮·苏利文小姐的指导帮助下，锲而不舍，刻苦学习，终于突破了识字关、语言关、读书关、写作关……正如海伦·凯勒所说：“我碰到了数不胜数的障碍，跌倒了，然而我一次次坚强地爬起来，迈步上去。一次次奋斗的结果都是一个胜利，而沿着这胜利连接起来的云梯，我就一定能到达那光辉的云端，碧天的深处——我希望的绝顶。”

鲁迅先生曾经说过："生命的路是进步的，总是沿着无限的精神三角形的斜面向上走，什么都阻止他不得。"但是有的人，却不想沿着斜面向上走，而是向下溜。比如每当一个工作开始时，订计划，写保证，"决心"很大，可是中途一遇到困难便垂头丧气地放弃了计划。到了年终的时候，觉得自己一无所成，便又后悔起来，于是重新再下决心。但是，当再遇到困难的时候，就又和过去一样，决心又消失了。这些人每次所下的决心，都因为屡次所遇到的困难不能加以克服而落空了。

时间，永远属于刻苦磨炼、锲而不舍、永远进取的人。

时间属于毅力坚强的人

在漫长而崎岖的成功之路上，每一个跋涉者都将经受一种严峻的考验，那就是毅力的考验。毅力是人才成功不可缺少的条件。居里夫人说："人要有毅力，否则将一事无成。"达尔文说："任何科学工作都是通过长期的考虑、忍耐和勤奋得来的。"在科学家的眼里，毅力甚至比智力还要宝贵。英国物理学家哈密顿说过："在物理学上，任何人只要有耐心，四体灵活，感觉敏锐，即使智力中下也能发现新事实。"有一位科学家在挑选助手时，提出这样的条件："智力，中等以上即可，但必须刻苦、有毅力。"古今中外的名人巨匠，如此众口一词地赞美毅力，绝不是没有道理的。因为，人才造就功业，不是一朝一夕的事，不可能一帆风顺，一蹴而就，相反地，它要求有志者进行百折不挠、坚持不懈地奋斗。在自学成功的道路上，有些人开始又是买书，又是订计划，废寝忘食，可是，随着时间的流逝，渐渐地劲头变小了，热度降低了，以至半途而废。这些人缺少的不是智慧，而是毅力。可以毫不夸张地说，没有毅力，就没有成功；没有毅力，就没有人才！

毅力，它既是成功之路上的一把披荆斩棘的利剑，也是控制时间的流速和流向的开关。我国古代哲学家庄周说过："人生天地之间，白驹之过隙，忽然而已。"自己稍一松懈，时间便会悄然而去。所以，要控制时间，就要有坚强的毅力，否则，时间会像失去控制的小船，随意改变航向，以至触礁沉没。

如果说时间像山溪，那么毅力能使它穿过一条条细小石缝，挤进一条条岩孔，钻过一个个山洞，向伟大的目的地——东海之滨跑去。没有毅力，就没有奇迹；在成功史上一翅冲天、平步青云的人物是没有的。成功者都是牵着"时间的鼻子"，穿岩过隙"钻"过来的。享有世界声誉的德国著名诗人歌德，用我们现在的话来说，他是一位业余作家。他在26岁的时候，魏玛公爵请他担任繁忙的行政工作，还长期担任舞台监督，直到晚年才有较多的时间写作。他一生留下的作品共有143册，其中世界文学的瑰宝——《浮士德》，长达12 111行。歌德用惊人的毅力，想尽一切办法，让生命的小溪不停地穿过一条条岩缝，在时间的罅隙中留下了不平凡的足迹，到达了事业的“东海”，所以他“一生当有大贡献”。

如果说时间如流水，那么毅力就是把时间的流水积聚起来发电的“拦河坝”。时间给予人们金色的年华，但并不是每个人都可以让时间闪耀出金子般的光彩，只有用毅力在时间的长河中筑起一座“拦河坝”，才能发光、发热。

我国国画大师齐白石的篆刻艺术也独树一帜。据说年轻时他曾向一位老篆刻家求教，老篆刻家说：“你去挑一担础石回家，刻了磨，磨了刻，等到这一础石都变成了泥浆，那时你的印就刻好了。”

齐白石真的去挑了一担础石来，一边刻，一边拿古代的篆刻艺术品来对照。刻了磨平，磨平了再刻，夜以继日地刻个不停，直到一担础石都“化石为泥”，他的篆刻艺术也达到了炉火纯青的境地。

齐白石老人学篆刻的事迹启迪我们，只有用“化石为泥”的毅力去奋斗，才能达到“炉火纯青”的境地；只有用毅力筑起截取时间流水的“拦河坝”，才能使从我们身边流过的时间转化为巨大的能量。

如果说时间如闪电，那么毅力就是控制时间电流的开关。如果说精彩的电视、舒适的被窝、亲切的交谈，很容易让时间流逝掉，那么，毅力能帮助你克服贪玩、贪睡、好凑热闹等坏毛病。

时间属于雷厉风行的人

伴随着你的出生，时间就像一位忠实的朋友，时时刻刻守在你的身边，它不向你索取什么，只是默默地向你支付大把大把的日子。但时间是有个性的，你如何对待它，它就如何对待你。

怎样让每一分钟时间都有用呢？那就是——雷厉风行，立刻行动。

我们要知道：在相同的时间内，用相同的劳力做尽可能多的事情的最佳方法就是即时处理。

所以，简单地说，就是凡决定自己要做的事，不管它是什么事，就要雷厉风行，立刻动手去做，“立刻”这一点至关重要。

立刻动手，这不仅省去了记忆、记载，或从头再干的工夫，而且可以解除把一件事总记挂在心上的思想包袱。

脑海中一旦闪现出对工作有用的想法和主意时，要马上动手记下来。无论什么事，拖拖拉拉都会造成时间浪费。诚然，有些事情是需要深思熟虑的，是需要花时间考虑的。但对于不太重要的事，该做决定就应立即做决定，并马上动手去干。

然而，有一些人工作总是喜欢拖拉。其实，拖拉必然要付出更大的代价。能拖就拖的人心情总不愉快，总觉得疲乏。因为应做而未做的工作不断给他压迫感。“若无闲事挂心头，便是人间好时节”，拖延者心头不空，因而常感时间压力。拖延并不能省下时间和精力，刚好相反，它使你心力交瘁，疲于奔命。不仅于事无补，反而白白浪费了宝贵时间。

我们要想尽一切办法不去拖延。最好的办法是“逼迫法”，也就是在知道自己要做一件事的同时，立即让自己动手。要能在积极的想法一出现时就马上行动，那么就克服了惰性，摆脱了拖延的习惯。

也许，在开始的时候，你会觉得做到“立即行动”很不容易，因为这样难免发生失误。但最终你会发现，“立即行动”的工作态度，会成为你实现个人价值的重要方法。当你养成“立即行动”的工作习惯时，你就掌握了个人进取的秘诀。当你下定决心永远以积极的心态做事时，你就朝自己的成功目标迈出了重要一步。

无论什么事情你一旦拖延，你就总是会拖延，但你一旦开始行动，通常就会一直做到底。所以，凡事行动就是成功的一半，第一步是最重要的一步，行动应该从第一秒开始，而不是第二秒。

只要从早上睁开眼睛那一刻开始，你就马上行动起来，一直行动下去，对每一件事都要告诉自己立刻去做。你会发现，你整天都充满着行动力，这样持续三个星期，你可能就养成了马上行动的好习惯了。

现在，请你不要再想了，再想也没有用！立即行动起来，从现在起要养成雷厉风行、马上行动的好习惯。

时间属于攀登不息的人

时间老人公正无私，分配给每个人的时间都是一天24小时，一个小时都是60分钟。每个人都在时间这杆秤上，生命的轻重却是那样悬殊：有的人硕果累累，有的人枉活一世；有的人活的似乎少于他的实际年龄，有的人的“生命”却与世长存。究其原因，不能不考察其对待时间的认知态度。古今中外一切成功者，都是热爱时间的人，时间属于登攀不息的佼佼者。

时间属于登攀不息的人，古今中外取得杰出成就的名人们，无一不是惜时如金、孜孜以求、奋力进取的人。

《资治通鉴》的作者司马光的枕头是用圆木做的，他读书困倦时就枕着圆木睡觉，只要一翻身，枕木就会滚走，人就会惊醒。他用这种方法来强制自己，挤时间刻苦读书。司马光一生与那个名曰“警枕”的枕头做伴，用了19年时间，编写了共294卷300多万字、所载史实历1 362年、囊括16个朝代的我国第一部最富史料价值的编年体史书《资治通鉴》。全稿完成后，在洛阳存放的未用残稿就堆满了两间屋子。

英国细菌学家欧立然，在研制消灭人体内的锥虫、螺旋体病原虫的药物过程中，经常几个晚上彻夜不眠。实在困了，他便用书本当起枕头，和衣躺在实验室的长椅上稍睡片刻，然后又投入紧张的工作，最后，终于研制出六〇六药物。美国大发明家爱迪生，在发明各种电器设备的过程中，也是经常彻夜不眠，困了就伏在椅子的扶手上睡一下，醒了又继续进行研究。

德国的细菌学家柯赫，在研究细菌的生命代替规律时，往往用劈柴做枕头，日夜不停地进行致密的科学观察。诗人马雅可夫斯基在“多斯塔之窗”写作时，夜以继日，工作非常紧张。疲倦时，他也常常用块大劈柴当枕头，使自己不至于睡得过久。正因为这样，他们赢得了比常人多得多的时间，做出了比常人大得多的贡献。

俗话说：“苍天不负有心人。”苍天就是时间。时间决不会辜负一切热爱、珍惜它的人们。

学习掌握科学知识，需要有登攀不息的精神。清末学者王国维在《人间词话》里说：“古之成大事业大学问者，必经过三种境界：昨夜西风凋碧树，独上高楼，望尽天涯路，此第一境地；衣带渐宽终不悔，为伊消得人憔悴，此第二境地；众里寻他千百度，蓦然回首，那人却在灯火阑珊处，此第三境地。”王国维这段话的确道出了治学的真谛。王羲之的七世孙智永和尚，是一个笔耕不辍的书法家，相传他为了写字，40年不下楼，写秃的笔头装满了五大竹簏，将这些废笔埋于地下，谓之“退笔冢”。据记载，他“兼能诸体，于草最优”。苏东坡评他的书法“骨气深稳，体兼众妙，精能之至，返造疏淡”。他的书法，对唐初的书坛影响很大。他在世时，每天请他写字的人川流不息，门槛磨穿了，用铁叶包裹起来，谓之曰“铁门坎”。

时间属于登攀不息的人。那些徘徊在知识宝库门外的“散兵游勇”，白白消磨了自己的宝贵生命；那些走到知识宝库的门口，轻轻地叩一下门或伸进头去看一眼，就自以为登堂入室，而不肯不断登攀的人，也只能白白浪费大好光阴。

就是在科学上取得了杰出成就的科学家，也还要不断登攀，否则也会白白消磨时间，半途而废。即使像牛顿那样的举世闻名的一流科学家也不例外。正如朱克曼女士在《科技界的精英》一书中写道："几乎所有的诺贝尔奖得主都极为关心如何最大限度地利用时间这个有限的资源，正如其中一位所说：'我一向关心时钟和日历。'他们自己一心一意把时间用于追求知识。"

时间属于抓紧学习的人

在21世纪的今天，人类知识的积累和增长与科技文明的进步，已经到了日新月异的地步。任何一个人如果仅靠学校阶段的学习或年轻时候所学得的智能，来面对瞬息万变的未来社会竞争及个人生涯发展的需求，是注定要失败的。只有珍惜时间，不断学习新的知识，才能使自己跟上时代的步伐，抓住新的机遇。

时间属于刻苦学习的人。三国时期东吴名将吕蒙，小时候没有机会上学，十五六岁就投身军队，常常是靠用嘴说处理军务。孙权有一次对他和蒋钦说："你们现在掌管军事，应当多读点书。”吕蒙说：“军中事务太多了，恐怕没有时间再读书了。”孙权说：“你们难道比我还忙吗？我少年时候读过《诗》《书》《礼记》《左传》《国语》，只有《易》没有读。管事以来，又读了三史、诸家兵书，自己感到很有用。”孙权还用汉光武帝“当兵马之务，手不释卷”、曹操“老而好学”的例子教育他们，要他们“宜急读《孙子兵法》《左传》《国语》及三史”。吕蒙听从孙权的劝告，“始就学，笃志不倦”，进步很快。原先轻视他的大都督鲁肃有一次经过吕蒙兵营，吕蒙为鲁肃筹划了五条对付蜀国军队的策略，鲁肃慨叹地说：“非复吴下阿蒙。”后来，吕蒙智取荆州，活捉关羽，鲁肃死后，他接任大都督，总领江东各路兵马。孙权说他“学问开益，筹略奇至，仅次于公瑾（周瑜）”。

中国古代学者刘向说：“谓学不暇者，虽暇亦不能学。”现在有些人，一提起读书，也和吕蒙起初一样，总是说“工作忙，没有时间”。确实，现代人因为工作忙，时间确实不够用，但是，是不是忙到挤不出时间读书写作呢？不是。列宁从1917年3月到10月，他写的著作组成了四个单卷，共1 700多页。在苏维埃政权成立的第一年，列宁工作不能说不忙，但除了从事繁重的工作外，列宁同时读了大量书籍，还写了1 400页左右的书笺——这几乎等于《列宁全集》中的三个单卷。《汉书·刑法志》载：秦始皇“躬操文墨，书断狱，夜理书”。秦始皇身为开国皇帝，一天忙到何种程度，可想而知，但是他还是要“夜理书”。曹操、司马光、苏轼、欧阳修等都是掌过大权的忙人，他们坚持读书的故事成为千古佳话。

时间属于效率高的人。爱迪生是一个非常喜欢读书的人，他在百忙中要求自己每天要读三本书，而且很善于在短时间内精通一个方面的内容，把前人和当代人达到的水平掌握到手。每当一个试验要进行时，不管理论方面有多大困难，他先把凡是可以借到的有关著作集中起来，一本一本地啃，然后做实验。有一次，在研究打字机一个部件时，爱迪生让所有的制造商约好在某一天把需要的打字机的样子都送来，并各派代表前来予以说明。这时，他把图书馆有关这个机件的书都借来，在客人们到来的前一天晚上，集中精力阅读一遍。第二天爱迪生就对客人们头头是道地讲起来，这里应该怎么改，那里又应该如何设计。事过之后，爱迪生的助手把爱迪生那个晚上读过的书借来通读一遍，结果竟用了11天的业余时间。

时间属于刻苦学习的人。自学，被人们称之为“月光底下的工作”，因为这大多是在业余时间进行的。对于一个在职工作的人来说，既要工作，又要安排家务。如果等到什么时候闲了再去学习，那恐怕一辈子也学不到什么东西。只有抓住饭前一刻钟，睡前半小时，学几个外文单词，看上十几页书，研究一点问题，那么，日积月累，肯定会取得显著的成绩。在我国古代，西汉的路温舒边放羊边读书，终于成为当时一位精通法律的学者；东晋的葛洪白天砍柴，晚上抄书，后来成为我国有名的化学家和医生；再如朱买臣担柴赶路读书，王冕放牛听书，沈麟士织帘诵书，等等，都堪称楷模。

无论你现在从事什么工作，你如果能时时注意去读一些书籍，去获取一些有价值的知识，这必将对你的事业有很大的助益。法国启蒙时期思想家孟德斯鸠说过："爱好读书，就能把无聊的时刻变成喜悦的时刻。"抓紧时间学习，我们才能不断获得新信息、新机遇，才能不断获得高能力、高素质，才能够不停顿地走向成功。

时间更属于有时间观念的人

时间精神是一种忘我的献身精神。瑞典化学家阿累尼乌斯说过："我是属于那些没有留下一天时间干私事的人们中间的一员。"

时间精神是一种惜时如命的精神。童第周说："对科学工作者来说，就不是一天八小时，而是寸阴必珍，寸阴必争！"

时间精神是一种严格自责的精神。诗人但丁说："一个人越知道时间的价值，就越感到浪费时间的痛苦。"著名作家冰心在说到时间时，列了一个乘法题，算出自己八十岁等于二十五亿二千二百八十八万秒，并说，"在这八十年中，我浪费了多少的年、月、日、时、分、秒啊！我若是在学习和工作上努力地争分夺秒的话，我可以做多少工作啊！一想起来，我是多么难过，多么后悔啊！"

古今中外许多事业卓然的伟人都是具有时间观念的人。美国首任总统华盛顿严守时间，一到约定的时间，他就看表。秘书几次迟到，都推说手表不准。他就爽直地说："或者是你换一只表，或者是我换一个秘书！"在列宁的会议桌上，摆着带有秒针的钟。人民委员会和联邦劳动国际会议，遵照列宁的嘱咐，把迟到的委员登记在册，并且注明迟到几分钟。列宁还严肃地警告一再无故迟到的人："再犯就登报！"

时间观念，是当代精神文明的重要标志之一。时间精神，是现代人的重要特征。据国外研究机构研究出的现代社会的人与传统社会的人相比较有九个特点，其中四个与时间有关：第三个特点是现代人时间观念极强，按时间表行事，办事讲究准时；第四个特点是工作讲究效率，厌恶拖沓浪费，力求用最少的人力物力，在最短的时间内完成任务；第五个特点是计划性强，有条不紊，能够在科学预测的指导下，合理安排各项工作的顺序，以求达到最高的效率和最佳的效果；第九个特点是以竞争为荣，以奋斗为乐，安于现状等于自我否定。从此可以看出，要想实现现代化，首先要有时间观念的现代化，其重要性丝毫不亚于物质的现代化，而且在一定程度上决定物质现代化实现的快慢和程度。

在"钟表王国"瑞士温特图尔钟表博物馆里的一些古钟上，刻着一句富有哲理的话：如果你跟得上时间的步伐，你就不会默默无闻。让我们以现代人的标准要求自己，紧紧跟上时间的步伐。

时间属于积极追求梦想的人

一个人有了梦想，而不积极地去行动，那么梦想也只是空想，耽于空想就是在浪费时间，荒废青春。

时间属于积极追求梦想的人。只有积极行动，努力追求，才能抓住时间，让梦想变成现实。

卡拉·莎莎娜是美国纽约百老汇最年轻、最负盛名的年轻演员，她是这样讲述她的成功之路的。

几年前，当莎莎娜还是一名学生时，她参加了一次校际演讲比赛，她将自己的梦想告诉了在场的所有人："大学毕业后，我要成为百老汇一名优秀的主角。"

演讲结束后，莎莎娜的心理学老师找到她，质问她："为什么现在不去百老汇非要等到毕业后才去呢？"莎莎娜想了一下说："是呀，大学并不能帮我实现梦想。"于是，她决定一年以后就前往百老汇去实现自己的梦想。

老师又生气地问："为什么今天不去，非要等到一年后去呢？"

听完老师的话，莎莎娜觉得很有道理，对老师说："我决定下个月就出发。"老师又紧跟着问："这个月去跟下个月去，有什么不一样？"莎莎娜有些不知所措，那个辉煌的梦想出现在她的脑海里，她终于下定决心，这个月就前往百老汇。

老师又问："为什么今天不去呢？"莎莎娜激动不已地

说："好，我现在就去订机票，马上出发。"老师赞许地点点头说："机票我已经帮你订好了。"莎莎娜当天就飞赴她梦想中的殿堂。

当时，百老汇的制片人在酝酿一部经典剧目，正在征最佳女主角。要求是在100个人当中挑选10个，然后再在10人中选择最优秀的一个。挑选方式是，让他们每人念一段剧本中主角的台词。

莎莎娜千方百计地从一个化妆师手里得到了将排的剧本。然后闭门苦读，悄悄演练。正式面试那天，她是第40个出场的应聘者，制片人问她是否有过表演的经验，莎莎娜甜甜地一笑说："我可以给您表演一段曾经在大学里演出过的剧目吗？"制片人不愿打击一个热爱艺术的青年的心，便同意了。当制片人听到莎莎娜使用的台词正是将要上演的剧目中的对白时，被她那真挚的感情、惟妙惟肖的动作惊呆了，他立刻宣布面试结束，女主角已经找到了。

就这样，莎莎娜刚到纽约就顺利地迈出了实现梦想的第一步，穿上了她人生第一双红舞鞋。

很多人都有自己追求的梦想，也曾制订过目标，可那只是一时的心血来潮，制订完了就把它束之高阁，没有为此付出行动，最后仍然是一事无成。只有行动才能达到目标，让梦想变为现实。当你在不断尝试、不断行动之后，其实你已经掌握了一种使人生最有效率的方法。

时间属于坚持不懈追求梦想的人。任何一个愿望和梦想都有实现的可能，只是任何一种理想的实现都依赖于你的实际行动和你艰辛的劳动。人生的意义不在于你有多少奇思妙想，关键在于你能否把自己的想法变成现实。

时间属于有崇高生活目标的人

在昆虫学家柳比歇夫看来，时间不是个物理概念，不是时针的转动，而好像是个道德概念。在他看来，浪费时间就好比夺走科学研究的时间，就好比滥用和抢走他服务对象的时间。他相信，时间是宝贵的财富，不能乱用到怄气上，不能乱用到竞争角逐或满足虚荣心上。在他看来，对待时间的态度是个道德问题。

时间观与人生观相关联。一个人的人生观决定他的时间观，研究人生，必须研究人是怎样生活在时间中、人与时间的关系是怎样的。时间观中包含着人生观。研究时间，必须研究时间中的人、时间与人的关系。许多年轻人，也包括中年人和老年人都知道时间的可贵，但却仍然缺乏内在的力量去把握时间，让时间白白流失。那么把握时间的力量在哪里？它就在你身上，在你高尚的生活目标里。

一个人只要有了崇高的生活目标，明确在什么地方有权使用自己一生的时间，在什么地方无权滥用，有一个使用时间的道德限度，才能正确对待时间，把握时间，利用时间，成为运用时间的人才。

16世纪意大利思想家康帕内拉在法庭上受审时，曾与罗马教皇的使节有过一段对话。使节问："你从哪里知道你从来没有学过的东西呢？"康帕内拉愤怒地回答："我点过的灯油比你们一辈子喝的酒还多。"

康帕内拉年轻时为探索真理，晚上就独自躲在修道院的单人房间里的灯下看书，常常学个通宵，积累了非凡的学识。后来因反对意大利南部的西班牙统治而入狱，受了最残酷的长达40小时的"维里亚"（不眠）刑讯折磨后，因失血过多而昏死过去。他从昏迷中苏醒后的第一个信念是："我能思索，我还活着！"他不怕死，但绝不能让他的理想与他一同被火刑场的烟雾吞没。他多么希望在死亡来临之前，能写出充满理想生活的《太阳城》！狱医给他拿来了纸。

可是，他的胳膊似乎已经僵死，连一杯水都够不着，更无法托起写字的小木板。但他没有屈服，他忍着剧痛让父亲和弟弟给他揉手，终于能勉强拿住笔杆，以惊人的毅力写出第一个弯曲的字母。在极度艰难的条件下，写成了《太阳城》，这时他才33岁。

人生，就是这样的不同。为什么？因为在堕落的人看来，时间就要用来"及时行乐"。而在具有崇高生活目标的人看来，"时间是能力等等发展的地盘"，"没有一种不幸可与失去的时间相比了"。

时间属于有崇高生活目标的人。历史的发展就是这样公正而无情。当罗马教皇的使节们烂醉如泥、昏昏欲睡时，康帕内拉却积累了非凡的学识；当康帕内拉的名字永远载入史册，被人们传颂的时候，罗马教皇的使节们却早已进入历史的垃圾堆。

PART 03

早起“鸟儿”的时间修习功课

很多人都习惯了懒散，习惯了拖延，习惯了凡事后人一步。对于他们来说，不是时间不够，不是事情做不好，而是不去行动，不去付出。

“早起的鸟儿有虫吃”，时间属于勤奋努力的人，机遇属于积极行动的人。一个人要做的，不是在夕阳西下的时候幻想、空等，而是在旭日初升的时候能够迅速地投入工作。只有争分夺秒，跑在时间的前头，才会取得高于别人的成就，才会感受到成功的喜悦。

醒醒吧，别再做白日梦了

西方精神分析学大师弗洛伊德将空想命名为“白日梦”。他认为，白日梦就是人在现实生活中由于某种欲望得不到满足，于是通过一系列的空想、幻想在心理上实现该欲望，从而为自己在虚无中寻求到某种心理上的平衡。

弗氏理论还提出了一个关键性的词：逃避。也就是说，过分沉湎于空想的人必定是一个逃避倾向很浓的人。此言一语中的。这正是空想带给人的极大危害性。下面的故事生动地说明了空想的危害。

一年夏天，一位来自马萨诸塞州的乡下小伙子登门拜访年事已高的爱默生。小伙子自称是一个诗歌爱好者，从7岁起就开始进行诗歌创作，但由于地处偏僻，一直得不到名师的指点，因仰慕爱默生的大名，故千里迢迢前来寻求文学上的指导。

这位青年诗人虽然出身贫寒，但谈吐优雅，气度不凡。老少两位诗人谈得非常融洽，爱默生对他非常欣赏。

临走时，青年诗人留下了薄薄的几页诗稿。

爱默生读了这几页诗稿后，认定这位乡下小伙子在文学上将会前途无量，决定凭借自己在文学界的影响大力提携他。

爱默生将那些诗稿推荐给文学刊物发表，但反响不大。他希望这位青年诗人继续将自己的作品寄给他。于是，老少两位诗人开始了频繁的书信来往。

青年诗人的信一写就长达几页，大谈特谈文学问题，激情洋溢，才思敏捷，表明他的确是个天才诗人。爱默生对他的才华大为赞赏，在与友人的交谈中经常提起这位诗人。青年诗人很快就在文坛有了一点小小的名气。

但是，这位青年诗人以后再也没有给爱默生寄诗稿来，信却越写越长，奇思异想层出不穷，言语中开始以著名诗人自居，语气越来越傲慢。爱默生开始感到了不安。凭着对人性的深刻洞察，他发现这位年轻人身上出现了一种危险的倾向。通信一直在继续。爱默生的态度逐渐变得冷淡，成了一个倾听者。

很快，秋天到了。爱默生去信邀请这位青年诗人前来参加一个文学聚会。他如期而至。在这位老作家的书房里，两人有了如下一番对话：

"后来为什么不给我寄稿子了？"

"我在写一部长篇史诗。"

"你的抒情诗写得很出色，为什么要中断呢？"

"要成为一个大诗人就必须写长篇史诗，小打小闹是毫无意义的。"

"你认为你以前的那些作品都是小打小闹吗？"

"是的，我是个大诗人，我必须写大作品。"

“也许你是对的。你是个很有才华的人，我希望能尽早读到你的大作品。”

“谢谢，我已经完成了一部，很快就会公之于世。”

文学聚会上，这位被爱默生所欣赏的青年诗人大出风头。他逢人便谈他的伟大作品，表现得才华横溢，锋芒毕露。虽然谁也没有拜读过他的大作品，即使是他那几首由爱默生推荐发表的小诗也很少有人拜读过。但几乎每个人都认为这位年轻人必将成大器。否则，大作家爱默生能如此欣赏他吗？

转眼间，冬天到了。青年诗人继续给爱默生写信，但从不提起他的大作品。信越写越短，语气也越来越沮丧，直到有一天，他终于在信中承认，长时间以来他什么都没写。以前所谓的大作品根本就是子虚乌有之事，完全是他的空想。他在信中写道：“很久以来我就渴望成为一个大作家，周围所有的人都认为我是个有才华有前途的人，我自己也这么认为。我曾经写过一些诗，并有幸获得了阁下您的赞赏，我深感荣幸。使我深感苦恼的是，自此以后，我再也写不出任何东西了。不知为什么，每当面对稿纸时，我的脑中便一片空白。我认为自己是个大诗人，必须写出大作品。在想象中，我感觉自己和历史上的大诗人是并驾齐驱的，包括和尊贵的阁下您。在现实中，我对自己深感鄙弃，因为我浪费了自己的才华，再也写不出作品了。而在想象中，我是个大诗人，我已经写出了传世之作，已经登上了诗歌的王位。尊贵的阁下，请您原谅我这个狂妄无知的乡下小子……”

从此后，爱默生再也没有收到这位青年诗人的来信。

爱默生告诫我们：“当一个人年轻时，谁没有空想过？谁没有幻想过？想入非非是青春的标志。但是，我的青年朋友们，请记住，人总归是要长大的。天地如此广阔，世界如此美好，你们需要的不仅仅是一对幻想的翅膀，更需要一双踏踏实实的脚！”

一日之计在于晨

一年之计在于春，一日之计在于晨。早晨是一天的开始，也是高效工作的开始。早晨早点儿醒来，吃点早饭，做点运动，可以使自己的身心完全清醒。

经过一晚上的睡眠，一觉醒来，做点运动唤醒自己的大脑，这时头脑就会非常清醒，记忆力也是最好的时刻。在心理学中有一种现象叫首因效应，指的是前面做过的事情对随后做的事情的影响。例如背单词，开始背的那几个单词人们记忆深刻，而后面背的却一个也记不起来，这就是前面背的单词对后面的单词产生了干扰。而早晨起来之后，什么事情都没有发生，所以对记忆没有什么影响。这个时候就非常适合制订自己一天的工作计划。

吃过早饭，运动过后，人们可以静下心来，在脑中仔细想想今天所要做的工作，形成计划。而这个计划不但包括一天要做的所有事项，也包括这些事情的运作程序与规则。然后将这些计划按轻重缓急的顺序排列，并在头脑中将这些安排想象成一幅幅图画，尽量使它们形象化。这个时候，右脑就会将这些图画记下来，因为右脑是图像脑，对于形象记忆最擅长。右脑将这些图像记下来之后就会铭记于心，然后形成一种暗示，从而对一天的工作产生影响。在头脑中计划完之后，可以把这个计划写在纸上，并完善每件事情的细节。

特别需要注意的是这个工作计划一定要将一天内的事情都分清楚，而且要将公务和私事区别开，不要让别人的时间影响自己的安排，不然容易影响自己的工作效率。

早晨的情绪状态同时也会影响人一天的情绪。所以早晨醒来后，要好好清洗自己的脸，对着镜子给自己加油，告诉自己微笑对待这一天。不要以为早晨不重要，若想在一天中取得高效率，就要调整好早晨的状态。

高效的工作不但要重视早晨，还要高效利用上午。

一般人都认为上午是工作效率最低的，因为现在的人物质生活优越，夜生活也非常丰富，晚上睡得晚，早晨起得迟，所以很多人认为上午是效率最低的。其实上午虽然身体可能比较疲惫，但却是大脑高效工作的最佳时期。大脑就像一个数据库，经过了一晚上的休息，大脑里面的数据都处于一个井然有序的状态。上午大脑条理清晰，工作起来就很容易产生灵感，达到高效工作的状态。然而到了下午，经过各种信息的碰撞，大脑已经处于凌乱的状态了，工作起来自然效率较低。

然而，很不幸，现在很多公司都将上午浪费掉了，他们将会议放在上午举行。会议一般都是为了总结工作或者安排新任务，原本早晨起来的时候就已经将一天的工作安排好了，却因为一个会议将整个计划打乱了，也错过了大脑的高效期，这其实是得不偿失的。对于这类会议，建议放在下班的时候进行，下班的时候开会不但可以使会议顺利进行，还可以提醒员工第二天或者最近一段时间将要进行的工作，这样方便员工对自己的工作做出安排。

所以，要想使工作获得很高的效率就要重视早晨和上午。早晨充分做好工作计划，上午集中精力做好自己最重要的工作。

惜春且勿误春时

秋天金谷银棉的收获，离不开不误农时的及时播种；人生要创造出辉煌业绩，离不开青年时代的奋发努力。如果一个农民错过了播种的最佳时机，那就会“人误地一时，地误人一年”，如果一个人混过了青春这个黄金时代，那就会造成终生的遗恨。西汉乐府有首《长歌行》，发出了“少壮不努力，老大徒伤悲”的警告。岳飞在他著名的《满江红》的结尾勉励自己“莫等闲，白了少年头，空悲切！”陶渊明更是大声疾呼：

“盛年不重来，一日难重在晨。及时当勉励，岁月不待人。”

有人说过，生命是奇特的，它让每个人都开一次花，但并不保证都能结果，能不能结果，就看你是否辜负了自己的青春。青少年时期记忆力最强，唐朝诗人贺知章写道“少小离家老大回，乡音无改鬓毛衰”。“乡音”为什么这样难改，就因为那是从小开始学的东西，而青少年时期精力最充沛。俄国著名文艺理论家杜勃罗留波夫从小就立志成功，13岁就读了410本书。他在一首诗里说：“啊，我多么希望拥有这样的才能，在一天中把这个图书馆里的书都读完。”青春时代，是人的一生中最宝贵的年华，是做学问、干事业、出成果的好时机。据青年心理学家研究证明，神经机能优势与心理优势使青年期成为学习的最佳时期。不赋予青春时间以创造性的价值，那就如同小溪的流水，只能带去凋谢的青春花瓣，却永远不能运载成就的远洋货轮。怎样才能不误春时，在青春期就为成功打好基础呢？

古今中外名人贤者成功的实践证明，渊博的知识是成功之本，它犹如一幢宏伟大厦的基石，赋予巨厦以支撑力。他们之所以功垂千古，流芳百世，大都与他们在青年时代勤奋学习有关。马克思在上大学时，勤奋自学，两个学期就读完了按着学校的进度二十个学期也学不完的课程。一次生病期间，他还把黑格尔的著作，从头到尾研究了一遍。列宁17岁进大学，由于从事革命活动，被开除学籍，可是，他在校外竟用一年半的时间就自修完了大学四年的全部课程，并参加了大学毕业考试，获得了第一名。至于古人，在青少年时，勤学苦读的事就更多了。出口成章、才华横溢的李白，就“五岁诵六甲，七岁观百家”，“十五观奇书，作赋凌相如”。白居易自述他年轻时，曾经“苦学力文”，“没有功夫睡觉、休息”，以致“口舌成疮，手肘成胝”。韩愈也说他自己是“口不绝吟于六艺之文，手不停书于百家之编”。很难想象，爱迪生要是没有勤学精神，他的1 328项发明，是怎样搞出来的？

有些青少年想成功，但在青少年时期不抓紧时机刻苦学习，而企图于之后一鸣惊人，还美其名曰“大器晚成”。他们不明白“晚成”之时的博大精深，来自一生各个时期的艰辛劳动，不断积累。

“大器晚成”含有在晚年末岁刻苦学习，继而获得成功的意思。如果把一切宏伟的目标安排在未来，而对“黄金”年华时如金似银的光阴却不加爱惜，那么要想“晚成”，只不过是一种幻想而已。

杨雄在《杨子法言》中说“百川学海，而至于海，丘陵学山，而不至于山”。意思是说千百条河川向大海学习，一直滚滚向前，终于到达海洋之中；而那些丘陵，想学高山，自己却老待着不动，以致终不能接近高山。杨雄这句话，富有深刻的哲理。但有些年轻人口头上也立志要干一番事业，做出点成果，然而却不付诸行动，岂不有点“丘陵学山”的味道？

才气过时不用则衰

南北朝时期，梁朝有个金紫光禄大夫叫江淹，年轻时家境贫寒，好学不倦，诗和文章都写得很好，成为当时负有盛誉的作家。中年为官以后，有一天晚上，梦见一个自称郭璞的人对他说：“我的五彩笔在你处多年，请你还给我吧！”江淹听了这话以后，到自己怀中去摸，摸到了五彩笔便还给郭璞，从此以后，江淹再写诗文便没有优美的句子了。因而，后世产生了“江郎才尽”的成语。

当然，所谓郭璞向江淹要去了五彩笔，江淹因此写不出好文章，那只是传说而已。但江淹做官以后，脱离群众，脱离生活，不认真学习，恐怕是他在文坛上从此湮没无闻的主要原因。纵观古今，横观中外，有不少人在青年时代所获得的成就往往比壮年老年时期要多得多。宋朝苏东坡，少时文章议论纵横文坛，冠绝一世，而进入中年后，便逐渐委顿了。谢肇淛以此为例，曾感叹说：“人之才气，须及时用之，过时而不用则衰矣。”19世纪俄国思想家车尔尼雪夫斯基，在一篇评论果戈的论文中说：“优秀的人们，这样或那样地，都是在生活的重担下变得疲惫无力的；但等时机一到，当他们从对于鲜丽的青春的热情迷恋中醒过来，用成年人的敏锐的眼光来看生活的时候，他们就都萎靡了。普希金的性格虽然轻松而欢快，可是在30岁时，却像果戈一样，精神变得疲惫无力了。失去了成为民族领导者的力量，过不了几年就死了。”这里讲的江淹、苏轼、果戈他们都是在青年时创造出了最佳成绩，中年以后逐渐就没有什么特别的贡献了，这不能不让人遗憾。对于那些本来很有才气，但由于种种原因，错过了“最佳年龄区”而遗恨终生的人那就不计其数了。那么，怎样才能使自己的才能及时发挥出来呢？

要有远大的理想和抱负。一个不想在比赛中获胜的人，很难在比赛中夺取冠军。青年人要有远大抱负，要相信世上没有什么高不可攀的山峰。马克思曾多次运用过这样一句格言：“伟人们之所以看起来伟大，只是因为我们自己在跪着。站起来吧！”

正确处理积累和创造的关系。输入是为了输出，学习是为了用积累起来的知识去创造，古今中外，有不少人，知识非常渊博，但却毫无建树。东汉时的胡广，知识非常渊博，有“万事不理问伯始”之说（胡广字伯始）；唐朝李善，也是知识广博，为《昭明文选》作法，旁征博引，后人叹服，但却没有自己创造的东西。在知识不多时便可直接进入创造，按创造目标的需要选修知识，这样的例子也不少。爱因斯坦在大学时，对数学不感兴趣，但到他攻克广义相对论时，发现所欠缺的正是非欧几何那个武器，于是，他下苦功学了7年数学，终于取得辉煌的成果。我们正处于“知识爆炸”时代，据有人估计，人类知识的总量，每隔3至5年就要翻一番。因而，应该尽可能地早一点选择目标，使自己的知识积累带有方向性。否则，就会被越来越爆炸了的知识所吞没，纵然你有满腹学问，也可能一生无所作为。

“常用的钥匙总是发光的”，这是伟大科学家富兰克林的一句名言。要使自己的才能不断迸发出创造的火花，也需要经常使用，爱迪生一生中完成了数以千计的发明，难道不是他经常搞发明的结果吗？

珍惜和善用你的黄金时代

从前，有两个猎人看见天上有一群大雁飞过，于是张弓搭箭。箭未发，两人却争起来，一个说打下来烹了吃滋味一定不错，一个说还是烤了好吃。两个人争执不下，后来找人来评论，总算找到了一个解决办法：射下来的大雁，一半烹，一半烤。可是，等他们争论完了，再去射时，大雁早已飞走了。

这个寓言说明，不论做什么，都应该抓住时机，说做就做。俗话说，机不可失，时不再来。在农业上叫“不误农时”，在军事上叫“抓住战机”，在作家称之为“灵感”，在运动员名为“顶峰状态”，在科学家则叫作“开窍”。在这段时间里，他们经历了一种既有创造的冲动，又有完成这种创造的能力的那样一种状态。比如大部分科学家、文学家出成果往往集中在一生中的某一段时间里，在这段时间里，他们的记忆力、理解力都很强，经验丰富，精力充沛，思想活跃，敢作敢为，容易有重大突破。居里夫人一生事业的顶峰时期是从1896

年决定要从化学上证明放射性元素镭的客观存在，到1902年终于提炼出十分之一克的纯镭。这个时期，是一个人的创造力、想象力、记忆力、调节力和人体的生命力的高度综合的阶段。在这个时期内，上述因素进行最佳组合后，就会出现最高的工作效率，发挥最佳的时间效能，创造出最佳的工作成绩。

那么，人才成功的最佳时区在哪里呢？

根据对1500—1960年，全世界1 249位科学家、发明家做出的1 928项重大科学研究成果的统计，发现科学发明的最佳年龄区是25~45岁，其最佳峰值年龄在37岁左右，杰出科学家的成名峰值年龄约32岁，20岁以下做出重大贡献率仅占7%，50岁以上做出重大贡献率仅占14%。这是因为，青春期是人生的体力高峰期，一个人的骨骼、肌肉和身体各器官在20岁左右发育成熟后，耐劳动强度和耐疲劳的能力急剧提高，开始出现人生的体力高峰和精力高峰。25岁以后，每年力量消失1%，但耐力还在继续增加，使高峰持续到30岁左右。至于大脑的发育，20岁以前的存储量急速增加，而理解力则有待于发展；30多岁时尽管记忆力稍有下降，但理解力却显著提高，二者形成综合指标的高峰。假如把年龄作为横坐标，把各年龄的体力值、智力值、精力值、进取精神值、创造性劳动值和经济负担分别列入纵坐标，我们就会发现，这些高峰曲线，有的在青年时形成前峰，有的把后峰一直延续到中年，有的则大部分集中于青年时期。但出现高峰的时间都在青年时代。

一切有志于成功的人，都应当珍惜自己的“黄金时代”，在精力最为充沛、思想最为活跃的青年时代，抓紧时间，发奋努力，激发潜能，创造人生的辉煌。

错过黄金时代，就抓紧青铜时代

常听到一些青年发出“心欲奋飞”，但“生不逢时”的感叹——出生在困难时期，成长在动乱时期，就业在调整时期，谈何成功？他们埋怨自己被耽误了，埋怨工作不景气、环境不理想，在彷徨中虚度自己青春的大好时光。这使人想起了《鹤林玉露》中讲到一个女尼寻春的故事。说是有一个女尼“尽日寻春不见春”，是春天没有到来吗？不是，春到眼前，可她偏要到处去寻。后来女尼省悟：“归来笑指梅花嗅，春到枝头已十分。”

“最佳年龄区”被耽误了吗？

那也不要紧，失去了“黄金时代”，就赶快抓紧你的“青铜时代”。俊鸟先飞固然好，笨鸟后飞，犹未为晚。人常说“十年寒窗”，下决心学它十年，足可以学会一门知识，掌握一种本领。文化知识少吗？但对于有志于自学者，学历也不是决定因素。高尔基上过两年小学，十岁就走向“人间”；奥斯特洛夫斯基十岁做工，也只念过三年书，后来都在文学上做出了卓越的贡献，那是世人皆知的。如果你觉得自己奋斗晚了，那就要加倍努力，赶快奋斗。

条件不好吗？

镭是在“一所既类似马厩，又宛若马铃薯地窖”的十分简陋的实验室里提炼出来的；祖冲之是用小竹棍计算出圆周率的近似值在3.1415926和3.1415927之间的；著名小说《呼啸山庄》是女作家艾米莉·勃朗特在厨房里写出来的。条件好，当然是每个有志成功者所希望的，条件不好也不必泄气，可以创造条件。

有时在创造条件中，往往可以做出重要的发现。如世界上第一架望远镜是伽利略为了给自已创造观察天体运行的条件而发明的；微生物学的开山鼻祖雷文霍克在研究微生物时，发明了显微镜……所以，人才，在一定程度上就是奋斗之才。

机会难得吗？

不，机会就在你身边。枪弹和炮弹的坠落是极为常见的现象，推翻亚里士多德的关于重物体比轻物体坠落得快的错误结论的发现，就是伽利略在轻重不同的枪弹和炮弹坠落中发现的；谁都见过泥巴干了要裂缝，但李四光却从研究这些人们熟视无睹的现象出发，并以此为实验依据，研究了地球板块学说，确立了地质力学理论，为研究地理、开发能源开辟了新的道路。

以上说明，机会对于每个人都是平等的，那么为什么只有个别人能认识它、抓住它，这里用得着爱迪生一段话：“我平生以来没有做过一次偶然的发明，我的每次发明都是经过深思熟虑的、严格实验的结果。”

每天提前一点到公司

不少人总觉得时间不够用，然而只要善于思考，总能找到可利用的时间，比如利用时间差，在某一额外的时间段内工作，既可以抓住时间，又可以提高工作效率。利用时间差提高工作效率的一个方法，就是比正常上班时间提前一点到公司工作。

提前到公司，让自己可以从容不迫地开始一天的工作。你可以根据你现有的工作状况，分析你今天需要做哪些工作，按照轻重缓急，先做最重要的项目。你可以利用excel表格列出工作项目，记录其进度，并结合昨天的工作状况，及时调整自己的工作计划。

提前到公司，大多数同事还没有上班，公司比较安静，没有人打扰，工作起来效率较高，在同样的时间内可以做比平时多几倍的工作。

卡莉·菲奥里纳作为世界上最成功的女企业家之一，不仅是一个集美貌和智慧于一身的女性，更是一个敢于挑战困难，善于把握机会的决策者。而她的同事对她最为深刻的印象却是她工作的勤奋。

卡莉每天早晨4点钟就起床，浇浇花，喂喂鸟，但她的脑子并没有闲着。她认为早上是一天思维最活跃的时刻，最适于思考问题。她一边喂鸟一边思考好当天必须完成的工作。然后她头脑清醒、目标明确地到公司去，开始一天的工作。

她总是第一个来到办公室，忙起来常常顾不上吃午饭，饿了，就找些饼干、面包随便吃一点，通常一干就是到深夜，甚至到第二天凌晨。多少个夜晚，卡莉都是在自己的办公桌前度过的，有时实在太累就趴在桌子上小憩一会儿，然后打起精神继续工作。卡莉认为只有在全身心投入到工作中时，她才觉得自己是最充实的。

另外，提前到公司，还可以让你有时间学习一点与工作相关的知识，以给自己的大脑充电，开阔自己的视野，提高自己的工作技能。

需要提醒的是，提前到公司要根据自身的实际情况来决定，如果自身体质不是太好，就不能过于勉强。如果因此而把自己搞得过于紧张，弄得身心疲惫，以致透支健康，那样反而会影响白天的正常工作，这是需要避免的。

我们主张活用“时间差”，但必须是在保持身体健康的大前提下使用它。因为，健康的身体才是提升工作效率最大的资本。提前到公司工作，需要搞好工作和健康两者之间的平衡。

有了 0.1，就有 0.2、0.3……

一位老和尚，他身边有着一帮虔诚的弟子。

这一天，他嘱咐弟子们每人去南山打一担柴回来。弟子们匆匆行至离山不远的河边，人人目瞪口呆。只见洪水从山上奔泻而下，无论如何也休想渡河打柴了。

无功而返，弟子们都有些垂头丧气，唯独有一个小和尚与师傅坦然相对。

师傅问其故，小和尚从怀中掏出一个苹果，递给师傅说：“过不了河，打不了柴，见河边有棵苹果树，我就顺手把树上唯一的一个苹果摘来了。”

后来，这位小和尚成了师傅的衣钵传人。

这个故事给了我们一个启示：也许你行动不一定能够得到自己原先想要的结果，但是你可能会收获另一个结果，这个结果会在一定程度上对你有所帮助。一个差的结果也比不去尝试没有结果好得多。

行动的目的就是要结果，一个差的结果也比没有结果强！有了0.1，就会有0.2、0.3……0.1永远大于0。完美的结果永远是长期努力的结果，只要迈出了第一步，就离成功进了一步。不要因为害怕得不到成功就原地不动，迈出第一步也许你不会成功，但是原地不动就一定不会成功。“坐着不动永远也赚不到钱”，所以要行动。但与此同时，要想使成功的几率增大，就要尽可能在最短的时间内采取最多的行动。

科学家曾做过这样一个实验：

在只有窗户是开着的半密闭的房间里，将6只蜜蜂和同样数目的苍蝇装进一个玻璃瓶中，把瓶子平放在桌上，瓶底朝着窗户。然后，观察蜜蜂和苍蝇会有什么样的举动。

科学家们发现，蜜蜂们不紧不慢地在瓶底徘徊，直到力竭倒毙或饿死；而苍蝇们则不停地在瓶中“横冲直撞”，飞行速度明显高于蜜蜂，不到两分钟，它们就穿过另一端的瓶颈逃逸一空。

蜜蜂们以为，在光线最明亮的地方一定会找到囚室的出口。于是，它们不紧不慢地行动着，等待它们的结果却是死亡。而苍蝇们却成功地逃离了，这并不在于它们有什么特长，也不在于它们的智商水平的高低，关键在于它们不断地“横冲直撞”，在于它们懂得快速行动求得生存。在很多时候，自以为聪明地坐着不动，不如尝试着去行动，在行动的过程中，出口就在等着你，只要你坚持尝试，就一定会找到逃离困境的出口，而那些自作聪明坐等机会的人反而只能等着死亡。

行动就会有收获，行动就会出结果，0.1永远大于0。快速的行动，则更能保证我们得到想要的结果。

成功信条——Do it now！

任何事情想到就去做！放下空想，现在就做！去行动！

拿一张纸写上“立刻行动”，贴在你的书桌前、床头、镜子前，贴满你的房间，你一看到它就会有行动力的。Do it now！现在就做！

为了养成你马上行动的好习惯，请你大声地告诉自己：“凡事我要立刻行动，立刻行动！”连续讲10次，立即行动！只有不断地行动，才能帮你快速成长。是行动的人改变了这个世界，是行动的人才会在21世纪快速实现自己的梦想。

企业管理就像竞赛，竞赛以快取胜，搏击以快打慢，军事先下手为强，商战已从“大鱼吃小鱼”变为“快鱼吃慢鱼”。跆拳道要求心快、眼快、手快，无论集体还是个人，唯有快速成长才会永远立于不败之地，永远不会被淘汰出局。

大而慢等于弱，小而快可变强，大而快王中王！快就是机会，快就是效率，快就是瞬间的“大”，无数的瞬间构成恒久的“强”。

竞争的实质，就是在最短的时间内达到最强的效果。人生最大的成功，就是在最短的时间内通过最快的成长实现最多的目标。质量是“常量”，经过努力都可以做好以致难分良莠；而时间，永远是“变量”：一流的质量可以有很多，而最快的冠军只有一个——任何领先都是时间的领先！

不是因为我们不快，而是因为对手更快。

盛田昭夫说：“如果你每天落后别人半步，一年后就是一百八十三步，十年后即十万八千里。”

谁快谁就赢，谁快谁生存。在贝尔研制电话时，另一个叫格雷的人也在研究。两人同时取得突破。但贝尔在专利局赢了——比格雷早了两个钟头。当然，他们当时是不知道对方的，但贝尔就因为这120分钟而一举成名，誉满天下，同时也获得了巨大的财富。

谁快谁赢得机会，谁快谁赢得财富。

无论相差只是0.1毫米还是0.1秒钟——毫厘之差，天壤之别！

在竞技场上，冠军与亚军的区别，有时小到肉眼无法判断。比如短跑，第一名与第二名有时相差仅0.01秒；又比如赛马，第一匹马与第二匹马相差仅半个马鼻子（几厘米）……但是，冠军与亚军所获得的荣誉与财富却相差天地之远。

全世界的目光只会聚焦在第一名的身上。冠军才是真正的成功者，第一名后面都是输家。

最大的敌人是自己，对人来说又何尝不是这样？不管你是总裁还是小职员，为了保住自己的职位，不都要尽心尽责全力以赴吗？要知道有人盯着你的职位跃跃欲试。总裁的高位自然热门，不必多说，小职员也不例外，因为公司门外总有不少新人等着进来。

这样看来，大家的选择都是一样的：要么做得更好，要么被淘汰。在新的一天来临时，可不要再拿闹钟出气，还是对自己叫一声“加油”吧！

成功没有捷径，如果有就是勤奋

无论时代怎样变迁，都不要忘了勤奋，勤奋是你最大的资本。

事实上，并非只是具有杰出才能的人才容易得到提升，而是那些勤奋刻苦并有良好技能的人才有更多的机会。

俗话说：“一勤天下无难事。”勤奋刻苦对人生而言，是一所高贵的学校，所有想有所成就的人都必须进入其中，在那里可以学到有用的知识，培养独立的精神和坚韧不拔的习惯。如果你是一个勤劳、肯干、刻苦的员工，就能像蜜蜂一样，采的花越多，酿的蜜也越多，你享受到的甜美也越多。

曾有人问李嘉诚成功的秘诀，李嘉诚讲了下面的故事：

日本“推销之神”原一平在69岁时的一次演讲会上，当有人问他推销的秘诀时，他当场脱掉鞋袜，将提问者请上讲台，说：“请你摸摸我的脚板。”

提问者摸了摸，十分惊讶地说：“您脚底的老茧好厚呀！”

原一平说：“因为我走的路比别人多，跑得比别人勤。”

提问者略一沉思，顿然醒悟。

李嘉诚讲完故事后，微笑着说：“我没有资格让你来摸我的脚板，但可以告诉你，我脚底的老茧也很厚。”

人生中任何一种成功的获取，都始之于勤并且成之于勤。勤奋是成功的根本，既是基础，也是秘诀。一个人要取得成功，唯一的捷径就是踏踏实实，摆脱浮躁的情绪，认真对待自己的工作。

命运掌握在勤勤恳恳工作的人手上，所谓的成功正是这些人的智慧和勤劳的结果。即使你的智力比别人稍微差一些，你的实干也会在日积月累中弥补这个弱势。

在工作中，许多人都会有很好的想法，但只有那些在艰苦探索的过程中付出辛勤工作的人，才有可能取得令人瞩目的成果。同样，公司的正常运转需要每一位员工付出努力，勤奋刻苦在这个时候显得尤其重要，而你的勤奋会为你的发展铺平道路。

绝大多数初入职场的年轻人，不管在哪个领域，从事什么样的工作，都会经历一段或长或短的“蘑菇”期。在那段时间里，年轻人就像蘑菇一样被置于阴暗的角落（在不受重视的部门做着打杂跑腿的工作），时常会感到一种不公（无端的批评、指责、代人受过），处于自生自灭的状态（得不到必要的指导和提携）。无论多么优秀的人才，在工作初期都有可能被派去做一些烦琐的事情。在这种情况下，勤奋便显得尤为重要。

成功属于那些勤奋的人，不管你正处于“蘑菇”时期，还是你做的工作很单调、很琐碎，你都应该认真做好每件事情，加速自己的成长。如果你是有志于工作的人，每天都应该问一问自己：“我勤奋了吗？”

勤奋敬业的精神是走向成功最为坚实的基础，与之相反，懒惰则是成功的天敌。无法想象一个总是投机取巧的人能够获得怎样的成功，一个整日偷懒的人如何找到出头之日。

幸福需要勤奋去打拼，成功需要刻苦的工作。即使你天资一般，只要勤奋工作，就能弥补自身的缺陷，终究成为一名成功者。

据说，古罗马人有两座圣殿：一座是勤奋的圣殿；另一座是荣誉的圣殿。他们在安排座位时有一个秩序，就是人们必须经过前者，才能达到后者。这样安排的寓意是，勤奋是通往荣誉的必经之路。那些试图绕过勤奋寻找荣誉的人，势必会被挡在荣誉的大门之外。

勤奋是检验成功的试金石。如果你对自己的未来充满梦想，如果你想让你的人生充实富有，就用勤劳的双手去打拼吧。

假如是“笨鸟”，那就先飞吧

美国哈佛大学一位心理学教授指出，一个人在一生当中能否获得成功，智商的高低并不是决定性的因素。爱因斯坦说：“天才和勤奋之间，我毫不迟疑地选择勤奋，它几乎是世界上一切成就的催产婆。”这句话应当成为我们每个人的座右铭。

勤能补拙。要成功，勤奋是关键。只有无止境的追寻，才能到达成功的理想境界，领略无限风光。即使天生愚钝的人，只要真诚地投入到事业中去，也能创造出人间奇迹。

著名数学家华罗庚在小学读书时，因为成绩不好，没能获得毕业证书。在初中一年级时，数学也是经过补考才及格的。由于他认识到自己天资较差，就加倍努力学习，初中二年级时，就发生了明显的变化。他能够攀登数学高峰，主要是依靠勤奋努力。

梅兰芳在青年时代，曾拜一位老艺人为师，学唱京剧。老艺人教了他一些动作，特别是教他如何用眼神表达心理活动。可是梅兰芳怎么也学不会，眼球不听使唤，目光也缺乏生气。老艺人说梅兰芳长了一双“死鱼眼睛”，没有培养前途，拒绝收他为徒。梅兰芳并没有因此而气馁。他坚持苦练眼神，每天仰望蓝天，追逐鸽子的走向，又俯视水中的金鱼。经过长期锻炼，他的眼睛转动自如，如流星，似闪电。

法国有个叫卡尔·威特的人，孩提时，邻居们都在背后说他是个白痴。他父亲也伤心地说：“上天为什么给了我这么个傻孩子。”尽管如此，父亲还是耐心地教他学说话、认字，用大自然的动植物启迪他的智慧。结果，他9岁考入莱比锡大学，14岁发表数学论文，被授予博士学位，16岁被聘为柏林大学教授。

日本著名林学博士本多静六说：“我年轻时，脑子很不好，以致连中学都没考上。希望破灭后，我企图跳海自杀，幸而被人救起。从此，我便发奋学习，并在大学两度荣获了银表奖。”

许多事实已经证明，不少获得重大成就的人，智商其实并不高。他们的成功，主要靠后天的勤奋努力。正如捷克大教育家夸美纽斯说的：“勤奋可以克服一切障碍。”只要勤奋努力，就能战胜遗传的缺陷，克服自身的弱点。天资聪敏者的优势，往往只在某个方面。而所谓素质差，也仅仅是指某个方面。只要进行反复训练，勤奋努力，就能消除这方面的差距，有所作为。

不要说自己不够聪明，不要抱怨自己的天赋不高，决定你能不能取得最后成功的，不是先天的智商，而是你后天的努力程度。假如自己是一只“笨鸟”，那也不要紧，你不妨“笨鸟先飞”，只要事事比别人先行一步，时时比别人勤奋努力，你就能超越别人，拥有先机，成为人生竞技场上最后的胜者。

跑在时间前面，把手表调快 5 分钟

一个人真正拥有而且极度需要的只有时间，其他的事物多多少少都部分或曾经为他人拥有。像是你呼吸的空气、在地球上占有的空间、走过的土地、拥有的财产等，都只是短时间拥有。时间如此重要，但仍有很多人在随意浪费。

时间是一个单向度的存在，它不会因为我们的意志而随意进退，只是直线地向前发展。所以我们才有“时光容易把人抛，红了樱桃，绿了芭蕉”的感慨。当然，尽管我们无法在量上增时间以获得更为突出的成就，但可以在与它赛跑的过程中支配它。例如我们可以将每天的时间分成几个部分，每个部分完成一件事情，那么我们将每个时间段划分得更加细密以获得更高的效率。当然，这种方法将要求我们付出更多，因为它打乱了我们日常的生活节奏，我们为了完成每一部分的事情，必须时刻绷紧脑中的那根弦。但往往会因某一时刻的倦怠而不能够继续保持。

若要不打乱原来的节奏，又时刻让自己保持清醒的头脑、

有紧迫的时间意识，其实只要5分钟就足够了。将手表拨快5分钟，每天提前5分钟，每件事便比其他人多出5分钟的准备和完善时间。

诚然，相对于每天的1 440分钟来说，5分钟的时间可谓不足挂齿。人们尽可以每天在工作之余花上5分钟的时间来休息，可以用5分钟的时间去等一班车，用5分钟的时间叫一份外卖——这些看起来都是日常生活中最基本、最简单的事情。但人的一天其实并没有什么，不过是由那么一件一件琐碎的小事拼凑而成的。由9个5分钟凑成一堂课，由2个5分钟凑成一个课间，花许多个零星的5分钟用来发简讯、传邮件……因此，当我们习惯对以小见大毫不在意，对凑成1 440分钟的5分钟并不挂心，就无意中放弃了无数个让自己更优秀的机会。

让我们珍惜这难得的5分钟，将手表调快，任何事情都做好充分的准备，在不论何种情况下都留给自己一个从容的空间，就能够在原来的基础上做得更好。每天比原定时间提前5分钟起床，提前5分钟到公司或学校，在忙碌之前做好计划、振奋一下精神，这一天都会有一个饱满的工作状态。在下班前的5分钟完工，留下5分钟给自己回顾一天的努力，是不是达到了预期的效果。最后，提前5分钟上床睡觉，在合眼之前，再用5分钟，给一天做个总结。

我们尽可以用那5分钟，让自己的时间永远跑在前面。这时间虽然只是每天的1/288，但也是无比珍贵的一部分。它也许会让我们的生活就此改观。

PART 04

掌控自己的一天 24 小时

时间最不偏私，给任何人都是24小时；时间也最偏私，给任何人都不是24小时。珍惜时间、支配时间的人，一天就多于24小时；浪费时间、被时间牵着鼻子走的人，一天会少于24小时。

把握时间的最好方法就是把握今天，把握今天的24小时，把握今天的分分秒秒。合理分配一天的时间资源，充分运用每一分每一秒，把时间的价值用到最大值，那么，你一天的时间就不止是24小时，而是28小时，甚至48小时……

一寸光阴一寸金

时间和空间分别是物质的广延性和持续性的反应。自从地球上有人类以来，人类就用时间的金线编织着绵延不绝的历史锦绢：中国的长城，埃及的金字塔，宇宙中的飞船，深海下的潜艇……

时间是构成生命的材料。科学家富兰克林有句名言：谁真正懂得生命的宝贵，谁就真正懂得时间的价值。人的生命的确是极为宝贵的，可是，生命为什么宝贵？贵在何处呢？在苏联昆虫学家柳雅歇夫看来："人最宝贵的是生命。但是仔细分析这个生命，可以说，最宝贵的是时间。因为生命是由时间构成的，是一小时一小时，一分钟一分钟累积起来的。"时间抓得住是黄金，抓不住是流水，浪费时间就是缩短生命。在岁月的流逝中，勤奋的人付出的是汗水，得到的是成绩；懒惰的人付出的是生命，得到的是空虚和衰老。

时间的宝贵，还在于它既不能被毁灭，也不能储存在仓库里随要随取，更不能直接焊起来使用。世界上只有时间的利用家，没有时间的收藏家。大文豪托尔斯泰说："你没有最有效地使用而把它放过的那一点时间，是永不能返回的。”时间的这种特性，在哲学上叫作“一维性”，比喻时间只能依照过去、现在、将来这一个方向发展。既不会在一点上停滞，也不会横向发展。《奇特的一生》的作者感叹：“为什么有能量守恒律，有物质守恒律，而没有时间守恒律呢？”他说：“……这失去的时间肯定在什么地方存在着——作为对我们的谴责，作为我们的罪孽而存在着。”可见没一种不幸可与失去时间相比。

时间的宝贵，还在于它既是一个常数，公平地给人们以每天24小时，又是一个变数，善用则多妄用则少。对于珍惜它的人，一分钟劳动，就有一分钟收获。对他们来说，赢得时间就是有了变理想为现实的桥梁，有了变平庸为伟大的通途。对于不爱惜它的人，给予的报酬很少很少，甚至是零，有时还是负数呢！

时间的特征除了上面讲的有限性和一维性、均等性和流逝性外，它还有永恒性和无限的连续性、顺序性和不可逆性、间断性和瞬逝性。我们既要用时间的永恒性也要用时间的瞬逝性和不可逆性约束自己，不虚度每一天、每一小时、每一分钟……

时间，有的人说它就是金钱，有的人说它就是力量，有的人说它就是知识，有的人说它就是财富，有的人说它就是速度，有的人说它就是胜利……有的人把时间比作伟大的作者，说它能给每个人写出应有的结局；有的人把它比作公正的画师，说它能用无私的彩笔，点染每个人的外貌和灵魂。别林斯基则说：“在所有批评家中，最伟大、最正确、最天才的是时间。”尽管人们对时间下的定义，因时，因事，因地，因社会地位不同而不同，但是，对时间的宝贵，人们的认识还是一致的。所以，千百年来，人类一直在千方百计地节约时间，为了节约瞬间即逝的时间，人类发明了火车、汽车、飞机；为了节约彼此联系的时间，人类发明了电报、电话、电传打字机；还有电脑、洗衣机、电梯等。

现在还没有一个这样的仪器，能测量出每一天、每一小时、每一分一秒对每个人的价值，因为时间的宝贵，是无法用我们通常的价值观念来衡量的。一切有价值的东西都离不开时间，“一寸光阴一寸金，寸金难买寸光阴”，这句古老的格言形象地道出了这一点。

不浪费每一分钟的时间

生命是由时间构成的，是一小时一小时、一分钟一分钟积累起来的。可当提到生命的意义的时候，却没有人会说生命的意义就是一堆时间。浪费了零散的时间，就虚度了一段生命，就浪费了无价的珍宝。

富兰克林是一个非常珍惜时间的人，他每天都忙碌不停地工作。他有一句名言：“时间就是生命。”一个把时间看作是生命的人是不会轻易浪费每一分钟的时间的。

富兰克林在工作的时候绝不允许任何人打扰，他的同事们都知道他的性格，所以当他工作时大家都不去打扰他。实际上，同事们一年到头也难以和富兰克林说上一句与工作无关的话。

有一天，单位里来了一位不速之客。他特别崇拜富兰克林，喜欢他写的文章，非要和他谈一谈。当他进来的时候，看到富兰克林正在喝水，他走过去就和富兰克林攀谈了起来。富兰克林很不高兴，因为这个不速之客净说一些不着边际的话。

其他的同事看到这种状况，就过来对这个人说："请问你想干什么？"

这个人说："我只想和我最崇拜的富兰克林先生谈几句。"

同事说："对不起，富兰克林先生很忙，他没有时间听你讲话，如果你说完了请你尽快离开这里。"

"我只说几句，再说，我看见富兰克林在喝水我才过来打扰他的。"

这个同事听了大笑："你只看到了他在喝水，却没有看到他的表情，实际上他在思考。你喜欢的那么多作品都是富兰克林在这样的零散时间里找到灵感的。别说他在喝水，就是他在洗脸刷牙，无论干什么都不能打扰他。我们的报社需要富兰克林，富兰克林的每一分钟对我们报社来讲都是巨大的财富。"

这个人听了之后不好意思地走开了。

成功学大师所普遍推崇的美国著名的思想家富兰克林曾经说："你热爱生命吗？那么别浪费时间，因为时间是组成生命的材料。记住，时间就是金钱。”我们要说，时间不仅是金钱，更是无价之宝，因为你用金钱买不到它。

把握好你的三个“一万天”

《有效的管理者》一书的作者，美国著名的管理学者彼得·德鲁克，同时也是一个研究如何利用时间的专家。他在该书中指出：“关于管理者的任务的讨论，一般都从如何做计划说起。这样看来很合乎逻辑。可惜的是管理者的工作计划，很少真正发挥作用。计划常常只是纸上谈兵，只是良好的意见而已，而很少转为成就。根据我观察，有效的管理者不是从他们的任务开始，而是从掌握时间开始。他们并不以计划为起点，认清他们的时间用在什么地方才是起点。”

时间，是成功者前进的阶梯。任何人想要成就一番事业，都不可能一蹴而就，必须踩着时间的阶梯一级一级攀登。日本东京大学名淮教授渡边茂提出过“三万天学习论”，他设定人生寿命为81岁，把生命分为“成长时代”“活跃时代”“充实时代”三个时期。每个时期27年，大约相当于一万天。从出生到27岁，这第一个一万天被称为“成长时代”，是人们成长、学习各种基础知识、锻炼自己适应社会能力的时代；从28岁到54岁，这第二个一万天称为“活跃时代”，是人们接受事业挑战、施展自己的知识和能力、在自己所从事的工作领域里展翅飞翔的时代；从55岁以后，这第三个一万天称为“充实时代”，是人们思考、总结的阶段。

时间，是成功者的资本。坎农在《科学研究的艺术》一书中指出：“一个研究人员可以居陋巷、吃粗饭、穿破衣，可以得不到社会的承认。但是只要有时间，他就可以坚持致力于科学研究。一旦剥夺了他的自由时间，他就完全毁了，再也不能为知识做贡献了”。可见，获得时间资本对于成功者是多么重要，一旦损失又是多么令人惋惜。伟大物理学家牛顿在研究力学时，一场熊熊大火吞噬了他的财产，也烧毁了他数年辛勤研究的手稿。牛顿并不痛惜财产的损失，而是流着泪叹息道：“可惜，时间呀！”

时间是成功者胜利的筹码。射箭需要练一段时间才能射准，画画需要多画一段时间才能画精。成功要有个定向积累的过程，这是人才研究中的一个重要原理。世界上从来没有不要花费时间便唾手可得的成功，也没有一蹴而就的事业。大诗人歌德曾后悔地说：“在许多不属于我本行的事业上浪费了太多的时间，假如分清主次的话，我就很可能把最珍贵的金刚石拿到手。”我们再假定，如果歌德活到67岁即去世，那他的伟大巨著《浮士德》肯定完成不了。

时间，是衡量成功者成就大小的标准。英国大哲学家培根说过：“时间是衡量事业的标准。”我们在赞叹成功者成就大小时，实际上使用了时间这个尺度。伟人们有限的一生中，做出了超越常人的贡献，这就是他们伟大之所在。我们赞叹鲁迅的伟大，常常想到他一生写作和翻译了六百多万字著作。我们赞叹爱迪生的伟大，也常离不开他一生有一千多项科学发明。

时间，是鉴定成功者成就最权威的标准。人类的一切成果，都将接受时间的批评，都将接受时间的鉴定。正因为这样，古往今来凡有远见卓识的人，都十分重视让认识去接受时间的考验。法国化学家拉瓦锡在谈到他的化学理论时说："我不期望我的观点立刻被人接受。因为只有时间的流逝才会肯定或否定我提出的见解。"法国另一个化学家巴斯德，因考察生命起源而被人们骂为骗子和小丑时，坦然地对妻子说："一个科学家应该想到的，不是当时人们对他的辱骂或表扬，而是未来若干世纪后人们将如何讲到他。"

文艺复兴时代的巨匠达·芬奇有一句至理名言："真理是时间的女儿，相信它能逐步把所有东西的真相揭露出来。"成与败、得与失，时间自有鉴定。

成就是驾驭分分秒秒的结果

在明代，江苏人说到作诗，就举徐文长；说到书法，就举祝枝山；说到绘画，就举唐伯虎。这三个人，各有所长，但因年寿不够长，成就都不能与同时代的文徵明相比。文徵明诗、书、画俱绝，兼有三人之长。所以王世贞在写《文徵明传记》时，发出了“人不可以五年”的感叹。

“人不可以五年”，清楚地道出了时间与成就的关系。一般地说，学习成果的大小总是与人们付出的精力和劳动，与人们对时间的利用效率相关。按王世贞的说法，活的时间长一些，为取得成就、做出建树创造了条件；增加了学习和实践的岁月，也就获得了做出更多贡献的条件。这四个人中，徐文长只活了32岁，唐伯虎只活到54岁，祝枝山活到67岁，文徵明却活到90岁。而且文徵明在比其他三个人多活的最后几十年里都是在勤奋中度过的，因而他能兼三人之所长，成就最大。

可见，人生犹如一条无形的链子，这条链子由一节节年龄环所串联而成。人的年龄分期，是人的时间形态，又是人的生命形态。在人生的道路上，有一个时间与价值组成的坐标系。在这个坐标系上，时间是横轴，价值是纵轴。若把人的一生用点描在上面，我们就会看到由这些点组成的线，有时是直线，有时是曲线，有时上升，有时下降，表示了人生有的时期光辉闪烁，有的时期平淡无奇，有的时期还产生负价值。

有一句外国谚语：“一个人成年偿还少年的债。”就是说，倘若一个人青少年时不努力，不学无术，那实际等于欠下后半辈子偿还不完的宿债。相反，一个人在青少年时期奋发努力，刻苦学习，那就等于为后半辈子积累发展的雄厚资金，受益无穷。所以在这个坐标系上，有两个特点，一是青少年时期是人生的最宝贵时期，这个时期对时间的态度，往往影响到他一生的价值；二是时间还对人生进行严格的“筛选”，它不把有价值的东西筛掉，也绝不鱼目混珠，让废物长存。

学问、事业都是时间和精力的结晶。成功之路，是一个要经过长期艰辛的奋斗之路。成就的大小，与人们为之付出的汗水和时间成正比。

把握今天，把握分分秒秒

每一日你所付出的代价都比前一日高，因为你的生命又缩短了一天，所以每一日你都应比前一日更积极。

孔子曾如此感慨：“逝者如斯夫，不舍昼夜。”

李白曾这样高歌：“君不见黄河之水天上来，奔流到海不复回，君不见高堂明镜悲白发，朝如青丝暮成雪。”

如果我们在时间将要飞走的时候，能把握住分分秒秒，那时间就能成为人生中最宝贵的一笔财富！

“莫等闲，白了少年头，空悲切。”是啊，把握今天，才不至于等白了头再去“空悲切”。当你蓦然回首，你的生活已匆匆过去多年，难道你不应该好好反省一下，在逝去的岁月里，你都做了些什么？

某日，一位哲学家正在思考问题，无意间走到古罗马城的一片废墟，那片废墟荒废太久，真是个思考问题的好地方。突然他看见一尊双面神像。这位哲学家觉得很奇怪，就走上前问神像："请问，您为什么有两副面孔？"

双面神回答说："因为这样才能一面察看过去，以吸取教训；一面展望未来，以给人憧憬。"

哲学家更奇怪了，问道："可是，您为什么不注视最有意义的现在呢？"

"现在？"双面神茫然。

哲学家看到他茫然的样子，说："过去已经逝去，未来还没开始，而现在就在您眼前，您却无视它的存在，即使您对过去了若指掌，对未来洞察先机，又有何用呢？"

双面神听了哲学家的话后，呜呜地哭起来。

原来就是由于他没有注视现在，罗马城才被敌人攻陷，他因此才遭人丢弃，在这废墟之中艰难度日。

如果你想成功，那就别浪费时间，因为成功与失败的界线在于如何分配时间，如何安排时间。你也许会认为，几分钟、几个小时，没什么，作用不是很大。但你错了，这样日积月累，它的效用就很明显了。

当贝尔在认真研制电话机时，一个叫格雷的人也在做这项研究。凑巧的是，两个人几乎同时有了突破。贝尔比格雷早两个小时到专利局，根据申请在先的原则，最后专利权只能属于贝尔。

两个小时，就这不起眼的两个小时，就造成了成功与失败的差别。

所以别小看一分一秒，它能造就不同的人生。

把握今天，塑造自己，你的明天可能就会大不相同。

珍惜可以支配的“纯时间”

清朝人张际亮在《自题读书斋壁》一文中叹道：“夫人之生世也，其大约准之七十，前之为童子者凡十几年，后之老而耄者又十几年，其间可以笃志于学者约四十年耳！而仕宦、疾病、奔走、婚嫁、丧祭、酬应、嬉游之日又分之……”

人生的“名义时间”虽有70年之多，但其中以笃志于学的“实际时间”只有40年左右，还要七折八扣，又要扣除睡眠花费的生命三分之一的时间，那么可供开支的“纯时间”确实不多了。所以，人生既是漫长的，又是短暂的，那就更要求我们认真思考人生的价值和时间的价值。

法国哲学家兼文学家伏尔泰，当他对人的生命时间做了种种扣除时，他悲观了：“那我们就一无所余了。对了，可怜的东西，你还有什么可自豪的呀！”当他理智地思考人的价值时，他又乐观了：“在所有的动物中，最完善、最幸福、最长寿的是人。”

面对人生的短暂，产生了两种不同的时间观。据说德国大诗人歌德的孙子，在自己的纪念册上抄了作家尚·保尔的一句话："人生在这里有两分半钟的时间：一分钟微笑，一分钟叹息，半分钟爱；因为在爱的这半分钟间他死去了。"元代卢挚写过一首《蟾宫曲》，也是叹息人生"实际时间"的短少。但清人张际亮的结论："是以古之贤人君子，恒汲汲然，不敢一日自废惰，期自学之克成焉而已！"而卢挚的结论则反之："仔细沉吟，都不如快活了便宜。"

古今中外的成功者，无一不是非常珍惜可供利用的"纯时间"的人。世界著名音乐家柴可夫斯基，有一天正在专心地工作，忽然响起了叩门声，原来是仆人送来了饭菜。柴可夫斯基一见就立刻喊道："快拿回去。""为什么？先生，是不是菜烧坏了？"仆人摸不着头脑，瞪着眼睛问道。"不"，柴可夫斯基说，"菜烧得很好，但是离开饭的时间还有20分钟呢。时间！是很宝贵的，别小看这20分钟，我还可以利用起来写很多东西呢！"

想想每一分钟对你的意义，努力使你的时间过得更有价值吧！要记住，每一秒钟都是弥足珍贵的。

争分夺秒，惜时如金

一位作家在谈到"浪费生命"时说："如果一个人不争分夺秒、惜时如金，那么他就没有奉行节俭的生活原则，也不会获得巨大的成功。而任何伟大的人都争分夺秒、惜时如金。”

歌德这样说：“你最适合站在哪里，你就应该站在哪里。”这句话是对那些三心二意者的最好忠告。

明智而节俭的人不会浪费时间，他们把点点滴滴的时间都看成是浪费不起的珍贵财富，把人的精力和体力看成是上苍赐予的珍贵礼物，它们如此神圣，不能胡乱地浪费掉。

人人都须懂得时间的宝贵，“光阴一去不复返”。当你踏入社会开始工作的时候，一定是浑身充满干劲的。你应该把这干劲全部用在事业上，无论你做什么职业，你都要努力工作、刻苦经营。如果能一直坚持这样做，那么这种习惯一定会给你带来丰硕的成果。

无论是谁，如果不趁年富力强的黄金时代去培养自己善于集中精力的好性格，那么他以后一定不会有什么大成就。世界上最大的浪费，就是把一个人宝贵的精力无谓地分散到许多不同的事情上。一个人的时间有限、能力有限、资源有限，想要样样都精、门门都通，不可能办到，如果你想在某些方面取得一定成就，就一定要牢记这条法则。

世界上有很多人埋头苦干，却成就一般，并没有成功地实现创富，但是如果他们充分利用了自己的时间和精力，绝对可以做出更有价值的事情来。

想实现自己一生的财富梦的人，必须在年轻时完善自我。浪费时间和精力，让机遇白白溜走，往往会导致最大的人生悲剧，也是痛苦和失败的主要根源。

很多人对钱财极其吝啬，但对时间却极不珍惜。他们不在乎点滴的时间，也不注意有规律地支配工作和生活，这样的人终将受到体力不支和职业生涯缩短的惩罚。

当你每天早上开始工作时，在心中描绘一下每天时间的珍贵价值吧！如果你知道今天一去不复返，就会好好珍惜每一天。

为自己开一门时间利用课

当代著名的法国未来学家内尔特朗提出，在未来的社会，人们感到生活中最主要的不是能买到一切的钱，也不是商品，而是业余时间——这种时间可给人们以知识和文化。当前我们所处的时代，是高度讲究效率的时代，时间观念越来越强，时间的精确度越来越高，时间的效能关系到社会的进程。

据记载，这几年，美国有越来越多的经理人员向号称“支配时间的专家”请教，学习怎样安排处理繁重的工作，妥善利用时间。国际商用机器公司之类的大工业企业也派出经理人员去学习这种支配时间的课程。于是，时间专家们的办公处一时门庭若市，生意兴隆。国外的学者提出了“余暇消费”的命题，对余暇的合理利用和创造性利用做了多种分析。1970年，在日内瓦举行的欧洲娱乐会议通过了一个《余暇宪章》。可见，人们对时间和业余时间利用的重视程度！

所以，在历史要求我们在对时间要有更高要求的时代，我们要对自己开设一门时间利用课，以学习和掌握成功的时间运筹方法。

开一门时间利用课，研究成功的时间运筹问题，是知识爆炸时代对成功者提出的要求。人类前进的步伐有个“加速度”。据统计，20世纪以来，世界上开拓、创造新知识的科研人员的人数，每15年翻一番，近10年的发明创造，比以往2 000年的总和还多，研究周期也大大缩短。例如，纸的推广，历时1 000年，蒸汽机80年，电话50年，飞机20年，而激光只有2年。1980年，美国“先驱者”Ⅱ号控测土星的结果，使一位美国科学家感慨地说：“在上两周里，我们对土星的认识，至少猛增了1 000倍！”据统计，人类知识的总和，每七八年就翻一番。一方面是知识的爆炸，另一方面是知识老化。国外发达国家4年前的大学毕业生，已有50%的知识失效，再过五六年，将百分之百失效。总的看，现在知识的失效率，比20世纪40年代时加快了一倍。据有人估计，现在出生的人，等到他大学毕业后，世界知识量将增为目前的3倍。到他50岁时新的知识又将增加二三十倍。那么，在这种形势面前，为了不被时代抛弃，开设一门时间利用课，研究成功的时间运筹问题就成了势在必行之事。

开一门时间利用课，研究成功的时间运筹问题，是掌握时间节约规律的要求。

“时间学”是一门亟待开拓的新兴学科。古代的哲学家，是最先理解时间的价值的，他们试着想办法去给时间戴上笼头，使它驯服，了解它的本质。从古到今，又有多少科学家和哲学家为研究时间付出了巨大的劳动。恩格斯说：“利用时间是一个极其高级的规律。”我们研究利用时间的规律，就是为了进一步揭开时间的奥秘，研究和掌握时间有哪些特性，更好地挖掘时间潜力，合理地分配时间，科学地使用时间，不断提高时间利用率，进行高效能且富有创造性的劳动。

合理分配你的一天 24 小时

我们日常的时间按活动内容来区分，大致可以分成六种：

睡眠的时间。睡眠的时间比别人多，是一种浪费。有人一天要睡八九小时，有人只睡六小时，睡眠时间短，就有较多的时间做其他事。

交通的时间。也就是从居住地到达工作地点的时间。有人花很多时间走路上班，也许对身体有很多好处；但从另一方面看，则可能代表没有效率，因为时间在不知不觉中被浪费掉了。

工作的时间。这是日常生活中占用时间比较多的部分。

娱乐的时间。比如和家人一起相聚的时间，吃饭、运动、休闲的时间，社交聚会的时间等。

阅读、看电视的时间。现在，大家都花很多时间看电视、看报纸，而较少花时间看杂志、看书。

学习的时间。即使是已经工作的企业人，也需要不断地给自己充电，以增强其做事能力。

你的时间分配得如何呢？

请按照上述的六个方面，把你每天分别花的时间量写上去，看看每一部分花了多少时间，记录得越详细越好。一个星期之后，比比看，分析一下哪些时间是可以缩短的，哪些时间是可以增长的。把这些都做完了，就能在合理利用的前提下，有效分配资源，加强个人的时间管理。

美国管理顾问史密特先生提出了“每周时间分析表”的观念，对于你的“剔除”工作也许会有帮助。这个观念是许多美国时间管理专家都承认的重要分析表，它要求人们实地去分析过去这一周的时间是如何度过的。每天的活动有哪些？睡眠的时间有多少？当我们专心做事的时候，我们把所有精神通通投入，事情就可以做得更好。

管理时间，让每一秒发挥最大值

时间管理包括三个核心的问题：第一，什么事情是必须做的；第二，如何看待他人；第三，如何对时间实施统筹规划。

时间管理对任何一个人而言，都具有人生严肃的一面及品质衡量的不同角度。因此，每个人对时间管理的认识，所持有的态度与方法都各不相同。

时间管理的一个重要准备工作是——了解你的时间是怎么花掉的。不需要对为什么要这样做出解释，但它可能会被认为是一个简单的任务，认为足够的简单以至于回想一下就可以了。事实上需要强调它的原因也正在于此。我们的想象毕竟是有限的，它不可能触及每一个问题或每一件事情，因为“想象”和“现实”之间常常有着很大的差异，甚至有时是背道而驰、完全不同的。

被誉为“现代管理之父”的彼得·德鲁克曾经对他所做过的研究进行了描述：他请管理者将自己怎样使用时间的情况写下来，又请人记录这些管理者是如何使用时间的。一个公司总裁十分肯定地告诉研究者，根据他的个人习惯，他将自己的时间分为三个部分，并且将它们分别自如地用在公司高级管理人员、重要客户及地区社会活动当中。研究的实际记录花费了六周的时间，得到的结果是，这位总裁把大部分时间用在了调度工作上，随时了解他所认识的客户的订货情况，还为他们的订货打电话给工厂。一开始，他本人对这些记录无法相信，但在很多次看到类似记录之后，他终于承认：“关于时间的使用问题，现实要比想象可靠得多。”

时间管理是从记录你的时间是怎么花掉的而开始的，当然这种记录不是一个一次性的任务。值得强调的一点是为了确保整个时间管理过程的顺利进行，为了了解最新的时间使用情况，你可能需要不断地重新做出记录。

比如你一个月可以抽出一天的时间来专门记录当月时间的使用情况。当然也有的人按照某些时间管理工具的要求，能够坚持每天以15分钟为间隔记录时间使用情况。在此特别反对过于频繁地记录时间表，因为这样做会带来负面影响，会让人的心里感到来自外界的巨大压力。

学会管理自己的时间吧！这样的习惯养成后，你就可以用全新的角度看待生命中的每一秒，不再轻易浪费一点时间，只要是浪费时间的事情，统统拒之门外。你会真正体会到一寸光阴一寸金的意义。

把时间用在刀刃上

把时间用对，这值得大家来反省，我们应该学会把时间投资在真正重要的事情上。

马戏团曾经有个驯兽师，他听说从未有人看见骆驼倒着走，而且大家都认为骆驼只会往前走，不可能倒退走。

于是，这名驯兽师就决定要向这个“不可能”挑战，他要训练一只会倒退的骆驼！他不断辛勤地训练，经过多年的努力，终于成功了。

要进行演出了，观众从四面八方涌来，因为宣传和广告都保证将令观众大开眼界。

场子正中央，站着那位驯兽师，正在津津乐道地说明骆驼倒退走的奇观。成千的观众却面面相觑，一脸的迷惑，每个人的表情都仿佛在说："那又怎样？"

确实，那又怎么样。浪费时间在没有多大意义的事情上，就算是真的做了一件前无古人的事，那又怎么样呢？有什么意义呢？

在美国企业界里，与人接洽生意能以最少时间发挥最大效力的人，首推金融大亨摩根。摩根每天上午9点进入办公室，下午5点回家。有人对摩根的资本进行了计算后说，他每分钟的收入是30美元，但摩根自己说好像还不止。

所以，除了与生意上有特别重要关系的人商谈外，他还从来没有与谁谈话超过五分钟。通常，摩根总是在一间很大的办公室里，与许多职员一起工作，他不像其他的很多商界名人，只和秘书待在一个房间里工作。

摩根会随时指挥他手下的员工，按照他的计划去行事。

如果你走进他那间大办公室，是很容易见到他的，但如果你没有重要的事情，他绝对不会欢迎你的。

摩根有极其卓越的判断力，他能够轻易地猜出一个人要来接洽的到底是什么事。当他对你说话时，你的一切拐弯抹角的方法都会失效，他能够立刻猜出你的真实意图。具有这样卓越的判断力，使摩根节省了许多宝贵的时间。

成功者最可贵的本领之一，就是能把时间用在刀刃上，只做有意义的事，避免无谓的干扰。我们呢，在应该做事情的时间里到底做了些什么？

抓住现在，与时间搭乘一趟车

西班牙作家塞万提斯形容说“时间像奔腾澎湃的急流”，才说是“现在”，已经成了“过去”；才说是“今天”，一晃就成了“昨天”。因此，把握住今天，就要抓紧现在。

时间包括三个部分，“过去”是已经逝去的时间；“未来”是尚未到来的时间；“现在”是现实的时间，存在的时间。应该说，“现在”这个部分的时间最宝贵、最重要。因为“无限的‘过去’都以‘现在’为归宿，无限的‘未来’都以‘现在’为渊源。”“过去”是“现在”发展的基础，“现在”又是向“将来”发展的起点，现在把握不住，将来更无从谈起。谁放弃了现在，便为葬送将来开了先例。“现在”的重要性还在于因为它最容易丧失，所以倍觉它可贵。

俄国文学家赫尔岑认为，时间中没有过去和将来，只有现实的现在。一个现在过去了，另一个现在立即来到。时间也可以说是许多个现在的整体集合。只有抓住了一个一个的现在，才可以积成一天、一月、一年……所以，从这个意义上说，“现在”是成就万事的根源。人，只有抓住现在，才能有辉煌的过去和灿烂的未来。

抓“现在”，就要有紧迫感。女作家杨沫，年过花甲，又有严重的冠心病，但仍然争分夺秒地进行写作，有时连节日也不回家过。一次，招待所服务员劝她：“老杨，身体、年龄不饶人啊！今天休息一下，明天再写吧。”“明天”？这两个字触动了杨沫，她对服务员说：“你年轻人不懂事啊！我年龄大了，不抓紧今天，还有几个明天？”

抓“现在”，必须立足于抓分秒。对于时间，人们只能从现在中去掌握它。现实的一分钟，是比想象中的十年更长的一段时间，古今中外一切事业上有成就的人，都是积秒积功、积秒创业的人。陈景润在参加人民代表大会期间，放弃看戏，争分夺秒地演算他的“1+1”；甚至利用会议期间的间隙躲到厕所里去演算。

抓“现在”，更要克服惰性心理。由于从前有一种惰性心理，往往今天得过且过，而把一切决心付诸的行动推到明天。俄国著名作家冈察洛夫笔下的奥勃洛摩夫虽有宏大志向，而问题在于他只躺在床上空想，而不是马上起来行动。你看，“突然产生了一些思想像大海里的波浪似的在他的头脑中起伏奔腾，随后发展成为一种企图，使他的血液沸腾，盘肉蠕动，血脉贲长，于是企图又变成志向；他受到精神力量的激动，一分钟内迅速地改变了两次姿态……”可是，“早晨闪逝了，白昼已经转向黄昏，奥勃洛摩夫疲劳的精力也随之转向平静……”“他这样地目送日落有多少了啊！”就这样，他躺在床上，什么也没有干。古往今来，立志者芸芸，遂志者寥寥，没抓“现在”是其中一大原因。

著名科普作家叶永烈说得好：“冰块放在电冰箱里就不会化掉，而一个人的时间这块‘冰’，却是任何电冰箱也无法阻止它融化的。它不停地在化、在淌，越化越少了。我把时间花在写作上，写出了厚厚的书稿，我把这些书稿看作是凝固了的时间”。一切愿意使自己的生命有更大的价值的人，千万要抓住“现在”，使自己生命中的一分一秒转化为“凝固了的时间”吧！

“尔若爱千古，尔当爱现在”，哲学家耶曼孙的话应当成为一切有志于成功者的座右铭。

PART 05

碎片化时代的时间管理技巧

有时我们想集中时间和精力做好一件事情，然而又常常感到难以遂愿，工作越来越忙，事务越来越琐碎，时间也被分割成一个个小碎片。这让我们感到焦头烂额，力不从心。

光着急是没办法解决问题的，要做的是静下来，从琐碎的事务中理出头绪，把零散的工作放到一起，形成集中的工作时间。时间总是有的，零碎时间也大可利用，日积月累，小时间汇成大时间，完成的事情也就不可限量了。

时间要挤才会充裕

时间有很特别之处，它有时过得慢一些，有时过得快一些，有时它停了下来，待住不动了。有的时候，人们特别敏锐地感到时间的步伐，这时，时间飞驰而去，快得只来得及让人惊呼一声，连回顾一下都来不及。而有时，时间却踯躅不前，慢得像粘住了一样，简直叫人难受。

古今中外的成功者，正是利用时间的这种特性，不断充实时间的容量，就像盖楼房一样，本来只有几十平方米的地基，盖起楼房却可以占据几百、几千，甚至几万平方米的空间。

有一句话，人们说了好多遍，乃至人们对这句话已经无动于衷，但它却是不灭的真理。这就是鲁迅先生所说的："时间就像海绵里的水，只要你去挤，它总是有的。"

鲁迅先生更是挤时间的能手，这是他有生最后一年的时间表：一月到十月，卧床八个月，写出杂文和其他文章54篇，译《死魂灵》第二部残稿三章，并作附记两则，复友人信件二百七十多封，还给许多青年看稿，寄书画期刊。病逝前三天，又给别人翻译的苏联小说写序言；生命垂危之际，还写日记。正因为他把别人喝咖啡的时间都挤出来写稿，他一生写的文章，可以从地上一直堆到天花板。鲁迅逝世前六年一直住在上海，住所离虹口公园只有几分钟路程，他竟然没有去公园玩过。

瓦特发明蒸汽机时，是连住处都没有的穷学徒，他的学习和研究工作最初要靠“克扣”自己的睡眠时间进行。

伟大的发明家爱迪生，由于每天工作十几个小时，比一般人的工作时间长得多，相当于延长了生命，所以当他79岁时，宣称自己是135岁的人了。这说明只要善于挤时间，便能扩充时间的容量。因此，爱迪生的工作、学习时间的宽度，就相应地比别人宽些。

数学家陈景润，更是靠挤时间进行数学研究和计算，最后摘取了数学王冠上的明珠。

至于牛顿、居里夫人、爱因斯坦、爱迪生等都是一些连坐车、散步、等人、理发时间都用于思考问题的挤时间的专家。

提起“挤”时间，有的人总是摇头叹气地说，一天工作八小时，有时还有其他活动，每天排得满满的，怎么挤？那么请听美国“支配时间专家”、管理学导师彼得·德鲁克的一段话：“我强迫我自己去请求我的秘书每过九个月做一次时间统计，统计一下三个星期来我的时间利用情况。然而，虽然我这样已坚持了五六年，每次总要嚷嚷：‘不可能！我知道我浪费了很多时间，不过不可能有那么多……’我倒想看看，谁做了这样的统计会得出不同的结果！”德鲁克的经验说明，时间大有潜力可挖，时间的容量还有待进一步充实，我们怎么能说挤不出时间了呢？

利用碎片化时间出大成效

在大多数的上班族中，一个越忙的人时间被分割得越厉害，如等车、候机、对方约会迟到、堵车等问题。这些事情如果无法合理地处理好，就会焦头烂额，磕磕碰碰，往往会因为时间的紧迫而无法把当前该做的事情做好。与客户洽谈时，经常看自己的手表是一种很不礼貌的行为，大家时间都很紧迫，着急是没办法解决问题的，一定要静下来好好谈。如何才能使自己不至于整天赶时间呢？

这就要合理地利用好零碎时间，事先做好安排是最重要的。可以制订一份时间表，把当天要做的事情全部写进去，做完一件勾掉一件。看看这里面有什么事情可以趁零碎时间去做的，这样一来就可以有条不紊。

懂得利用时间的人，为了提高效率，会把琐碎的事情放到一起做。例如：约见客户、回邮件、上网查东西、发快递、复印等。这些小事每件要花的时间不多，但是把做这些事情的时间加起来却是很长的一段时间。而把它们放在一起，争取一口气做完，能够节省很多时间。

如果扫地要5分钟，拖地要6分钟，洗碗要3分钟，烧水要15分钟，泡茶要5分钟，那么做完这所有的事情一共要多少分钟？是34分钟？不是，而只要20分钟，为什么呢？因为，可以先烧水，在烧水的同时，可以将扫地、拖地、洗碗做完，做完这些，水也该烧开了，那就可以泡茶了。这就是合理利用零碎时间，将有联系的事情整合在一起完成。这样，可以高效地利用时间。

在工作中也是如此，按照动作的相关性把琐碎的工作放到一起，形成集中的工作时间。这样可以更容易地估计出需要的时间，更有效地完成工作。

要利用零碎时间，首先要合理安排自己的时间，例如拜访客户的时候可以提前一小时到，这样可以在这早到的一小时里完成一项工作。零碎的时间其实就是不构成连续事件或事件与事件之间的间隔时间，这样的时间是不能完成一件完整的事情的，但是可以利用这小段时间进行学习，处理一些小事情。日积月累，小时间就成了大时间，完成的事情也就不可限量了。

点滴时间，可以汇成时间大河

每到杨柳新绿、紫燕飞舞的春天，人们不禁想起“几处早莺争暖树，谁家新燕啄春泥”的美妙诗句。在非洲的加纳，人们又可以到处看到蚂蚁衔土而成的高达数丈、造型极美的世界的宫殿——蚁山。从春燕衔泥到蚂蚁衔土堆山给人们以什么启示呢？那就是小者大之源，少者多之端。

时间的运用也是这个道理。荣获1930年诺贝尔物理奖的印度学者雪曼说：“每天不浪费、不虚度或不空抛剩余的一点点时间，即使只有五六分钟，如果用得好，也一样可以有很大的成就。游手好闲惯了，即使有着聪明才智，也不会有所作为。”但是有的人不太珍惜时间，认为点滴的时间就那么一点点，而且“零零碎碎”的，能学到什么东西？一点一滴可谓微也，但滴水可以汇成大河、大江、大海。宋代文学家苏东坡有这样的诗句：“竹中一滴曹溪水，涨起西江十八滩。”

汇涓涓细流以成大海，积点滴时间以成大业。事物的发展变化，总是由量变到质变的。“点滴”的时间看起来很不显眼，但这些零零碎碎的时间积累起来却大有用场。

史书上记载了陶宗仪积叶成书的故事。陶宗仪是元末明初人，在江苏松江做乡村教师时，亲自耕田种地，休息时，常把自己的治学心得、诗作、所见所闻，随手写在摘下来的叶子上，放进一个瓮里。满了就埋在树下，如此日复一日，年复一年，装满了十多瓮。后来，他将这些瓮挖出来，将叶子上的文字摘录、整理，这就是我们今天看到的共有三十卷的《辍耕录》。

唐代著名诗人李贺只活了27岁，但却作诗千首。他写诗如泻珠吐玉，呼之即出，如此成就，是与他“每旦日出，偶有所得，书投囊中，及暮归，足成之，日率如此”分不开的。宋代诗人梅圣俞不论吃饭、睡觉、外出，每有所得就很快写下来放到随身的一个袋子里，所以“梅圣俞的诗袋”被当作佳话在文坛流传。

还有北宋著名女诗人李清照和她丈夫，他们在饭后常常在一起喝茶。夫妇约定：喝茶时，她或他随便讲一件史事，谁先背出这个典故出自某书某页，谁就可以品茶一杯，答不出的，只能闻闻茶香。计算一下，一天三顿饭，每顿饭只问书中一件事，一天就可温习三件事，一个月就可以温习90件事，一年、十年，光饭后茶余的点滴时间，所温习掌握的知识就非常可观了。

不仅学习如此，工作也是如此，把零零碎碎的时间有效地利用起来，日积月累，就是一笔可观的时间财富，可以让自己做成很多事情。

时间像水珠，一颗颗水珠分散开来，可以晒干，变成烟雾飘走；集中起来，可以变成溪流，变成江河。集中的方法之一是用零碎的时间学习整块的东西，做到点滴积累，系统提高。获取高深的知识，没有“捷径”可走，只能靠平时一点一滴地积累，才能实现。

时间是一点一点挤出来的

社会的发展，科技的进步，要求我们不断增强时间的意识，加强对时间的控制。

现代人计量时间的单位已经不再是天，而是时、分、秒。雷巴柯夫说：“用‘分’来计算时间的人，比用‘时’来计算时间的人，时间多了59倍。”在运动场上，常常看到以十分之一秒的时间差来决定谁是记录的创造者。用争分夺秒这个词来形容现代社会对时间的利用已经不再是夸张了，尤其在高科技领域，经常以毫秒、微秒来精确地对卫星、导弹的轨道计算，一个小小的误差都会造成无法挽回的严重后果。

对时间计算得越精细，做事情就能够越有效率。生活中理财是要精打细算的，同样，时间也是一样的。一个人把一件能够在十分钟内完成的事安排一个小时，我们可以想象在这一个小时中他是怎么做的：跟同事说会儿话、上上网，这样把做一件事的时间分成很多小的时间段，不仅时间浪费了五十分钟，而且思路如此断断续续，事情也很难做好。有些时候思路一旦被打断，重新回来就会觉得不知从何做起，前后很难找到连接点。

很多对零碎时间不在乎的人都觉得这点时间做不了什么事，与其把这点时间拿来工作，不如趁机放松一下自己。

彼得准备晚上7点开始看书，但由于晚饭吃得太多，想看会儿电视消遣消遣。他本来只想看一会儿，但是感觉电视节目太精彩了，只好全部看完，这时已经过了2个小时。9点的时候，他刚想坐下看书，却又折回来给女朋友打了个电话，不知不觉又花了40多分钟。而后，他又接了一个电话，花了15分钟。当他走到书桌旁时，忽然看到有人在打羽毛球，不禁一时手痒。于是，他又打了1个小时的羽毛球。打完球后，他已经全身是汗，去冲了个凉。接着，他又有点疲倦，觉得应该小睡片刻。打球和淋浴后，他又感觉到有点饿了，所以还要吃点宵夜。这个原准备用功的晚上马上就过去了，直到凌晨1点，彼得才打开书来看。但是，这时候他已经看不下去了，只好作罢，蒙头大睡。第二天早上他对教授说："我渴望你再给我一次补考的机会，我真的非常用功，为了这次考试，我昨天晚上看书看到半夜2点呢！"

在正常的情况下，时间都是一点点溜掉的。其实我们有很多的零碎时间，大多数时候我们都把这些时间心安理得地浪费掉了。

真正懂得珍惜时间的人是不会浪费那些零碎时间的。时间是一点点挤出来的，零碎的时间我们可以用来跟客户通电话约见面时间，发邮件。这些小事与其在工作时把思绪打断去做，不如利用空闲时零碎的时间去做。

人们有时会很纳闷，大家都很抓紧时间工作，上班的时候上班，也没有加班，但是有些同事就是比其他同事的工作做得好、做得快。善于发现的人会看到，其实这其中的差别在于工作做得好的同事能够合理地规划好零碎时间，把它们花在合适的事情上。

把生活织成细密的网眼

苏联昆虫学家柳比歇夫，在其短短的一生中，发表了学术著作70多部，还写下了12 500张打字稿的论文和专著，内容涉及昆虫学、科学史、农业遗传学、植物保护、进化论、哲学等。据说他小时候摔断了胳膊，成人时患过肺结核，溜冰时摔伤了后脑壳，还人为地挨过几次整。在紧张的科学研究中，他每天都能保证10小时左右的睡眠时间，并经常参加娱乐活动、体育锻炼，还从事社会工作。

他的时间是从哪里来的?

原来，他从1916年元旦开始（当时26岁），就对自己实行了一种“时间统计法”。“把生活织成细密的网眼”，每分钟，每小时，自己做了些什么，时间是否用得恰当，他都有详细的记载，而且像吝啬的小商贩核算金钱一样核算自己的时间，一天一小结，每月一大结，年终一总结。直到1972年逝世为止，56年如一日，他从来没有间断过。

在柳比歇夫看来：“人最宝贵的是生命。但是仔细分析一下这个生命，可以说，最宝贵的是时间。因为生命是由时间构成的，是一小时一小时、一分钟一分钟累积起来的。”

“把生活织成细密的网眼”，可真是挤时间的一个好办法。

我们可以算一笔细账：目前我们实行的是8小时工作制，尚余16小时，其中扣掉睡觉8小时，吃饭一小时半，还有6个半小时是可以挤出来的，一天两个半小时，一个月就是75小时。以每小时读5 000字计算，一个月就可以读375 000字，一年就可以读450万字。如果把开会、等人、出门、等车，每天早起晚睡若干分钟，以及星期天、节假日都算进去，一年再多读一二百万字，也是不成问题的。人的一生，按活70岁计算，除去学龄前的7年，有22 995天，倘若你一天利用业余时间学习两小时，就是45 990个小时，合5 748个学习日，这要学多少东西啊！

也可能有人说，人到中年百事忙啊！生活的网眼怎么织啊？“他们外有业务重担，内有家务重担，上要供养父母，下要抚育儿女……”

确实，人到中年身边琐事可以说是无休止的，处理不完的。但是，只要用科学的运筹法通盘安排工作、学习、生活，就会赢得学习时间。

当然，把生活织成细密的网眼，需要有强烈的事业心。著名京剧表演艺术家郝寿臣，为了实现他“不要让艺术拿住你，你要拿住艺术”的抱负，坚持勤学苦练十几年。他在床头贴上“睁眼就起”的纸条，从不睡懒觉；在洗脸处贴上“赶快遛弯”的字条，洗完脸马上去活动喊嗓；遛弯处又贴上“多念少唱”，因为京剧是“千斤白话四两唱”；在吃早点处贴着“快去吊嗓”的字条……他在房子四壁都装上镜子，每天对着镜子做身段、练眼神，十遍百遍，汗流浃背地练，直到满意为止，因为他功到艺精，自成一派，被人称为“艺术的忠臣”。

古今中外的成功者，在把生活织成细密的网眼方面，创造了很多方法。诸如“线性规划法”“时间输作法”“时间套种法”“巧用时间下脚料”等。例如中国著名科普作家叶永烈则对时间进行“套裁”：在写作一篇作品时，同时构思另几篇作品，做好准备。这样，当一篇作品刚写完，第二篇又可紧接着开始。

生活中有些人，往往叹息没时间学习，没时间研究，每天都有许多宝贵时间被不知不觉地浪费掉了。不信，你如果像柳比歇夫那样，“把生活织成细密的网眼”，不要让一小时、一分钟白白漏掉，那将能学到多少知识啊！

向时间要时间，让时间生时间

时间可以“生”出时间吗？听起来让人觉得不可思议！然而答案是：可以。

让时间生时间，充实时间容量的好办法就是——挤。

玛丽的丈夫曾经在美国一家医药公司担任销售部经理，由于公司裁减冗员，最近被解雇了。多方寻找，也找不到合适的工作，于是，在被解雇的一年后，他和玛丽决定用自己家里的积蓄买下一家商店。以前，玛丽的真正兴趣和天赋是做新闻记者工作，但是自从生了孩子以后，她辞去了工作，从此，再也没有机会做自己喜爱的事情了。

有一天，玛丽决定每天把孩子送到学校，做完家务活，在店里帮助丈夫算一天的账目，照看住在附近的妈妈之后，再开始动手写点东西，这样或许能挣点稿费，毕竟他们真的需要一些额外的收入。

她的丈夫自告奋勇地说："我来帮忙，我每天哄孩子入睡，晚饭我来做。"但是，到了第五天，当玛丽离开打字机时，她累得简直连一句话都说不出来了，脑子也不转了。你说她该如何是好呢？

玛丽的一个朋友，读过关于"充分利用高质量时间的原理"后，建议玛丽把诸如家务活、记账推迟到下午，并征得她丈夫的同意，只是在午饭前和要闭店时才去帮他，因为这时的顾客最多。她充分利用每天起床后到早饭前的1小时和上午9点半到11点半这3个小时进行自己的业余创作。终于，她找到了适合自己的方法。

一星期后，她对丈夫说："实际上，我可以用这3小时干5个小时的活儿。"一年后，她已经成了地方报纸的兼职记者和许多全国性杂志的正规撰稿人了。

将时间挤出来，首先得转变计算时间的观念。如果用月来计算时间，一年只能有12个月；用天来计算时间，那么一年有365天；用小时来计算时间，一天只能有24个小时；而用分来计算时间，就比用时来计算的时间多59倍；而用秒来计算时间，就比用分来计算的时间又多59倍，比用时来计算的时间多3 599倍，比用天计算的时间多86 399倍，比用月来计算的时间多……

充实时间容量，不仅是重视时间的数量，更重要的是要注重时间的质量。高质量地利用时间就是变相地扩展了时间。

巧妙利用上下班途中的时间

现代人上下班需要花费很多的时间，人们也使用不同的交通工具上下班，在谈到巧用上下班途中的时间这个问题上，需要首先搞清楚个人的喜好。可以参考以下这些问题：

1.自己属于早睡早起的人还是习惯晚上熬夜白天起床晚的人?

2.乘车会不会晕车？在车上能不能看书?

3.是否喜欢在公共场合工作？在公共场合能不能睡觉歇息?

4.人与人的安全距离是多少？是否会在人多拥挤的场合感到烦躁?

5.喜欢在上下班途中准备当天的工作还是休息?

现在很多人喜欢自己开车去公司，其实自己开车是一件比较无趣的事，为何不好好想想怎样使沉闷的上下班之路变得积极有趣?

人们可以尝试着做些改变。每天晚上睡觉前整理公文包，清理掉那些不需要的东西，只带上必需品，第二天上班时就不用带着一个放满杂物的沉甸甸的公文包了。还可以考虑穿双舒适的鞋，相信很多上班的人对于每天在公司穿皮鞋感到不舒服，何不在上下班的时候换双休闲鞋让自己的脚舒服点呢，然后把皮鞋放在公司。准备一台平板电脑打发路上的时间是不错的选择，如果选择公共交通出行的话，还可以买份纸质书报，在车上看看报纸。或者也可以什么都不做，让大脑和神经处于彻底放松状态，因为接下来一整天都要用脑，所以不妨趁着这时放空自己。

不少上班族都会抱怨早上的交通太挤，这样的话何不早一点起，在早高峰来临之前到达公司，既可以避免上班的拥堵，还可以趁早来的时间在办公室规划一下一天的工作。

同样，下班的时候可以稍微晚点回去，在办公室处理完还没做完的工作，这样回到家就可以完全放松了。

有很多上班族想要锻炼身体却总是苦于没有时间，那些离上班地点比较近的上班族则完全不应该有这方面的烦恼。既然离公司不远，那为什么不选择步行去公司呢，然后就可以在上下班的时间做运动。

步行时走路的姿势很重要，一定要挺胸收腹，不要弯腰驼背。既然把走路当成锻炼身体，那就不能像散步一样慢慢地走，应该适当地加大步伐，大步向前走，才能达到运动的目的。

走路要脚跟先着地，不要整个脚底平放在地面上，将重心放在前脚，每一步都按照后脚跟、脚心、脚尖的顺序着地，这样走路会使得脚的曲线匀称。

听书是个合理利用上下班时间的好方法。听书的好处很多，首先不费眼睛，有的人在车上摇摇晃晃地很难看书，或者看了一会儿就感觉头昏脑涨的。其次每天听书可以增加自己不少学识，网上也有不少的有声图书资源。

运用这些方法将上下班路途上的时间有效利用起来，你就会明显感觉到自己的时间宽裕了，生活也更加丰富多彩了。

有效利用 8 小时以外的时间

余暇时间，我们习惯上叫业余时间，也有人称之为“8小时以外”。实际上，人们的余暇时间应该是扣除两个部分的业余时间。这两个部分，一是工作时间，二是满足生理需要所花费的时间（如吃饭、睡眠等）。

早在古希腊时，人们就开始了对余暇时间和消遣活动的研究。

柏拉图曾把余暇、消遣理解为四种含义：一是空闲的时间；二是从其他活动中得到自由；三是一种自我控制和心灵自我表达的自由状态；四是休闲、懒散的状态。

在现代，世界上许多国家都把余暇时间作为一个重要的社会问题进行专门研究。

1967年在日内瓦召开了有16个有关游戏、娱乐、消遣的国际组织参加的座谈会，1970年还通过了《余暇宪章》。

余暇时间的价值是很高的，如果能够善于安排利用，会能做出很多有意义的事情。

那么，怎样安排自己的余暇时间呢？

一是互补式。

一种是工作与业余爱好的互补，一种是消遣和工作在性质上应有差异。工作时间由于有若干限制而不能自由支配，而余暇时间自由度很大，完全可以凭自己的兴趣加以选择。

所以余暇时间常可与工作时间相得益彰，互补余缺。所谓与工作性质互补，指的是工作是脑力的，那么余暇最好是体能的；工作是室内的，余暇最好到室外去；工作是逻辑思维的，则余暇应以形象思维为宜。

二是延伸式。

把工作时间延伸到余暇时间中去，一种是把工作日没有完成的任务放到余暇时间去办，一种是在余暇时间学习，研究有关工作上的问题。

上海有一位特级服装裁剪师，星期天他喜欢在茶馆里度过，泡上一壶茶，品静赏雅，见到客人中有新奇的服饰，便随手勾摹几笔，定会计上心来，新装设计灵感就产生了。

三是结合式。

即独乐和群乐结合，文化式与消遣式结合，兴趣与目标活动结合。

亚里士多德在《政治学》一书中，有闲暇中“操持闲暇”一说，它是指在闲暇时间倾听高尚的音乐和幽雅的诗词，以及从事学术研究和哲理玄想，人生就凭这些活动于闲暇之中陶冶性情，增长学业。

家务、学习、工作三不误

假如你家里有许多人口，哪里还会有什么自由？

儿女、食粮、衣服、费用，

样样都在拖住你升天的后脚。

白天你得先把生活安排好，

夜里才好对着真主祷告。

这是伊朗著名诗人卢迪的《蔷薇园》中的一则寓言。

这则寓言说明：一，每个人都必须拿出一部分时间来解决生理需要问题；二，这个问题解决得不好，会“拖住你升天的后脚”。

维持生命循环和劳动力再生产的需要，是人类的基本需要。人们必须休息、饮食、生儿育女等。

在生产力极低的原始社会，人们差不多整天要忙着找食物、取火种、搭窝棚。由于社会生产力的发展，社会公共服务事业的日益扩大，人们开始从繁重的家务劳动中“逃”出来了。

那么，成功与做家务的时间怎样运筹呢？

1.调剂式

工作学习对体力、脑力消耗很大，于是，适当做些家务，使大脑适当松弛，既丰富了生活，又调节了大脑。

居里夫人在巴黎上大学时，很讨厌烧菜做饭，她认为与其烧牛肉汤喝，不如读几页物理书。结婚后，家务事压在她的肩上，她开始自己动手烧菜了。她一方面向有经验的人请教，一方面从食谱里学习，逐渐掌握了一手烹饪技术，能在工作的空隙烧好饭菜，还能做出一桌深受客人好评的拿手菜。适量的家务使生活丰富多彩而又津津有味，并有力地促进了事业。

2.嵌入式

即在家务劳动中，嵌入学习或创作。英国女作家艾米莉·勃朗特，由于家境贫寒，从小就承担起全家的家务，包括洗衣服、烤面包、做饭等。

艾米莉在厨房里干活时，每次都随身带着铅笔和纸，有时正在和面，但她忽然放下手中的面团，从衣袋里掏出铅笔，伏下身去，匆匆地在纸上写了起来。她继续揉面，揉着揉着，她又拿出笔来。后来，她终于写出《呼啸山庄》。

3.统筹式

统筹式也就是在家务中使用统筹法。它的中心内容是通过统筹的形式，科学地调整工作次序，在多项工作中，分清主次缓急，加以科学安排，以便有效地对工作进程加以控制和掌握。

例如做饭，从打开炉门、淘米、洗菜、烧饭、烧菜、烧汤共需要58.5分钟，运用统筹法分析一下，就可以发现主要是烧饭、烧菜和烧汤，其他工作则可以穿插进去，这样只需花36.5分钟，就可以迅速把饭做好。

无数事实说明，做事有计划，忙而不乱，家务事不但能做好，而且也有益于健康，有益于学习和工作。

每天在时间账户中存进 86 400 秒

无论你从事什么，时间就是您要计划、安排的对象。你应该意识到一个严重的事实：不知道你都闲置了多少时间。

不要以为那些忙忙碌碌的高级经理们都很清楚时间的价值，他们在时间安排上并不如你想象的那么完美。

一家咨询公司在给一个知名企业做咨询的时候，曾认真地记录了该企业总经理一周工作的实际情况。很遗憾，他每天的时间根本不是他所能够控制的，而更糟糕的是在这一周，与业务有关的工作共有两次，总共不超过30分钟。真的是令人吃惊！

许多人日复一日花费大量的时间去做一些与他们梦想不相干的事情。不要成为他们其中的一分子，让你生命中的每个日子都值得“计算”，而不要只是“计算”着过日子。

一个人真正拥有，而且极度需要的只有时间。其他的事物多多少少都部分或曾经为他人拥有，像是你呼吸的空气、在地球上占有的空间、走过的土地、拥有的财产等，都只是短时间拥有。时间如此重要，但仍有很多人随意浪费掉他们宝贵的时间。

企业管理专家马可麦西尼曾说过一个小故事：

想象有一个户头，每天存进86 400元随意让你使用。不过，每天晚上12点以后，不管你有没有花完，就自动归零，隔天又存入86 400元。如此周而复始。

若这个户头是你的，你会怎么做？一定是想尽办法，充分利用每一元钱，甚至会想办法把这些钱转投资成其他资产吧？

事实上，每个人真的有一个这样的户头，只不过存取的不是金钱，而是时间，每天存进86 400秒，只能提取，不能增加。

现在，你知道该怎么做了吗？

学会把 24 小时变成 48 小时

时间就是你的资本。命运是公平的，每个人拥有的时间都不多不少；但“成功女神”却是挑剔的，她只让那些能把24小时变成48小时的人成功。

如何把24小时变成48小时呢？以下的方法值得借鉴。

1.挤出点滴时间

时间对于每个人来说都是公平无私的，只要你愿意，就能

“挖掘出”时间的潜力，扩大时间的容量，用挤出来的时间去实现更多的梦想。

你每天只要挤出微不足道的1分钟，1年就可以挤出大约6小时的时间。

如果每天能挤出10分钟，那就是相当可观的一个数字了。

1周工作5天，每天工作时间为8小时，而1天中再挤出10分钟，那么1年就可以增加5天多的工作时间。

再者，即使再忙，每天可支配的零碎时间至少有2个小时。如果你从20岁工作到60岁退休，每天能挤出2个小时，有计划地从事某一项有意义的工作，那么，加起来就可达到29 200小时，即3 650个工作日，整整10年！

难怪发明家爱迪生在他79岁时，就宣称自己是135岁的人了。

由此可见，时间的弹性是很大的，只要你善于挤时间，便能大大增加时间的容量。

2.善于利用零碎的时间

成功者会把任何一个空闲时刻都利用起来。养成利用零碎时间的习惯，就是在衣袋里或手提包里，经常不忘携带一些东西，如图书、笔和小记事本，这样你就可以在排队时，在候机时，在乘公交车上下班时，不会无所事事地空耗时间了。“集腋成裘”“聚沙成塔”一样适用于时间。

零碎时间的利用也包括用一些“非正规”的时间去做一些事。例如，上洗手间，宋代欧阳修就常利用“如厕”时间。据说国外有一位首相就是利用“如厕”时间学习英语的。他每次从英语词典上撕下一页，然后进卫生间。上完卫生间，这一页也读完、记住了，于是把这一页送入下水道。他就是这样学完了一大本英语词典。

3.见缝插针利用等待的时间

不管你是多么精密地规划着你的时间，但是还会出现让你不得不等候的情况，因为总是会出现一些意外情况。也许你已经想好了等候的时间如何利用，以减少自己的时间损失，可是一旦你不能按心愿进行时，你的那种失望和挫折感一定会对你有所影响。

既然等待的时间不可避免，那么减少等待时间的最好办法，就是充分地利用等待的时间，这样也就可以“变废为宝”，降低等待的损失。

例如，去医院看医生时，排队等候是常见的事，尤其是专家门诊，即使你大清早出门，也同样要等待。建议出门时带上一本书，这样你就不必看医院的杂志，或者盯着人群发呆了。

4.灵活应用松散时间

例如，工作的压力不大，工作性质决定了工作本身不需要投入过多的精力。那么这种情况下就应当考虑如何有效利用这些时间。

例如，李女士在行政机关上班，她每天的工作就是接一接电话，分发报纸信件，以及通知别人各有关事项。

工作虽然轻松，但时间却不能少花，她每天上午8点钟就要上班，中午12点钟按时下班，下午2点钟上班，一直到下午6点钟才下班。

对于李女士来说，这些工作量不大，做起来不费力气。真正把工作量压缩起来，一两个小时就能做完。

但是，行政机关的工作性质决定了她必须按点坐班。另外，随时都可能有电话来通知事情。这样李女士只能寸步不离地待在办公室。

为了有效地利用好这些空闲的时间，李女士在工作不受影响的情况下，学习了自学考试的课程，在两年的时间内就拿下了大学本科考试的结业证。

在人们的一天工作或生活中，不可能每时每刻的时间都处于紧张的状态。根据人们从事的工作，有的需要集中精力，注意力高度紧张，才能完成。而有的工作不需过于集中精力，只要稍微注意即可。而且在一天的工作中，每个时候的工作要求也是不一样的，有时可以适当放松一下紧张的神经。那么这些松散时间就需要进行合理安排。

PART 06

时间和效率是整理出来的

导致我们缺少时间、工作效率低下的一个原因就是办公桌面凌乱不堪。若一个人每天都被各种杂乱的物品环绕着，整个人的精神状态将会变得烦躁，效率也将变得低下，因为他每天都需要花费大量的时间来找自己需要的东西，或者为自己杂乱无章的工作收拾残局。

每天花点时间对你的桌面进行一番整理，将桌面收拾整齐、干净，坚持下去，你会发现你的时间变多了，工作效率也提高了！

办公桌面是一面镜子

办公桌面是一面镜子。从桌面上物品和工作文件的摆放情况，可以大致看出一个人的工作习惯、工作成效是怎样的，还可以据此了解一个人的人品素养和待人接物方式。

办公桌面是否整洁，是工作条理化的一个重要方面。

杂乱无章的工作方式是一种恶习。有些人却把杂乱看作了一种工作方式，他们还宣称在这种随意的工作环境中，他们的心情会更放松，那些重要的东西总会在大堆的文件中浮现出来的。一位西方著名的管理者对办公桌上堆积如山的东西提出了精辟的解释："这是因为我们不想忘记所有的东西。我们把最想记住的东西放到办公桌上一堆资料的顶部，这样就可以看到它们。"

事实上，这种不良的工作习惯不仅会加重你的工作任务，而且会影响你的工作热情。

曾经有一项2 000人参与的调查，他们当中67%的人表示他们坐在办公桌前的时间比两年前增加了；大约有40%的人说，他们经常因办公桌上杂乱的纸张、用品而发怒。研究表明：

杂乱的办公桌容易使人生病。日本NEC和三菱公司的研究员指出，日本的办公室工作人员正遭受“办公易怒综合征”的困扰，经常性长时间工作、杂乱的办公桌以及错误的坐姿是导致这种新的都市病发生的主要原因。研究人员表示，在工作时间保持办公桌整齐，使办公桌更具个性化，诸如此类的措施都可以减少生病的机会。

从办公桌的整洁状况，也能够反映出一个人的能力和修养。因此，对待办公桌也要像呵护自己的内心一样，不但要一尘不染，而且要脉络清晰。

从另一方面来看，如果你的办公桌老是弄得乱糟糟的，上司也许就会觉得你这个人的工作大概就像你的办公桌上一样杂乱无章，交给你的任务怕你做不好，你的上司还会因此对你不放心、不信任，进而你在办公室的地位就不稳固，那又谈何成功呢？

致办公桌总是乱七八糟的你

当你的办公桌上横七竖八地堆满了杂乱无章的物品时，你根本就没办法直接进入工作状态中。杂乱无章的物品会占用你的工作空间，妨碍你开展工作，既影响你的心情，也影响你工作效率的提升。

不注意、不及时整理你桌子上的物品，带来的危害是显而易见的。不及时整理，带来的一个重要危害就是时间资源的浪费。

英国作家利兹·达本波特写过一本《致办公桌总是乱七八糟的你》，这本书曾经获得畅销书排行榜的第一名。书里面写的都是生活中常见的事情，有这样一段内容：

有一个人事经理，每天都要花些时间从凌乱的桌面上寻找自己所需要的东西，计算一下，他一年大约花了150个小时在找自己需要的东西。按照一天工作8小时来计算，150 ÷ 8=18.75，就是说，一年时间里有19天都在找东西。这个数字对于一个事事都讲究效率的商务精英来讲，是不能够接受的。

因此，你需要及时整理你办公桌上堆积如山的物品。

物品的整理是要将每一件物品的用途最大化，整理出来多余的物品就应该放弃。东西越少，你可以使用的就越多，利用率就会提高，就好比你只有一支心爱的笔，你经常用它，也会很珍惜这样的“唯一”。

整理，就要学会放弃，有舍才有得。放弃了毫无幸福感的东西才能得到更多的幸福感；放弃了有害健康的物品才能得到健康；放弃了没用的附属品才能得到物品真正的价值……

记住，工作再忙，每天也要腾出一点空闲时间来整理你桌子上的物品。

东西越堆越高，时间越来越少

走进办公室，一抬眼便看到你的办公桌上堆满了信件、报告、备忘录之类的东西，很容易使人感到混乱、紧张和焦虑，给人留下一个不好的印象。

有些人没有养成整理办公桌的习惯，他们总能为自己找到借口，说自己是多么的忙，无暇分心在这些小事上，或是怕清理东西时，把需要的或是有价值的文件也一起清理掉了，所以，他们总是把那些有用的以及过时的记录都堆在案头，让自己埋首其中去工作。

其实，这是一种忙而无序的表现，不仅会加重你的工作负担，还会影响你的工作质量。

有一位研究所的研究员，经过无数个日日夜夜的攻关苦战，终于解决了研究中的一个难题。这位研究员把攻克这一难题的资料和办公桌上其他的资料放在一起，就带着满意的笑容入睡了。他睡得很香，第二天上午醒来时，却找不到攻克难关的资料了。原来，这个研究员的孙子进入他的办公室，为了扎一个风筝，正巧拿走了那些有用的资料。当这个风筝带着小孙子的幻想，在天空中越飞越高、越飞越远，最后变成一个看不见的小黑点时，老研究员的心血也化作了泡影。这真是人生中的一大憾事。如果研究员的办公桌是井井有条的，把那些无用的东西不放在桌上，并告知小孙子办公桌上的东西都是有用的，不能乱动，这样的悲剧还会发生吗？

很多时候，让你感到疲惫不堪的往往不是工作中的大量劳动，而是因为你没有良好的工作习惯——不能保持办公桌的整洁、有序，从而降低了办公室生活的质量。

在多数情况下，东西越堆越高，物件越杂乱无章，就越可能浪费更多的时间。当你不能记起堆积物下层放的是什么东西时，或者你要为一个项目找到所有相关资料时，你就不得不在资料堆里埋头苦找。这样，一部分时间就浪费在了查找丢失的东西上了。更糟糕的是，随意放置的凌乱的东西会随时吸引你的注意力。当你在做某项工作的时候，你的视线也许会在不知不觉中被别人送你的小纪念品、钟表或者全家福照片而吸引。等你回过神来的时候，你又不得不从头思索你刚才正在做的工作或者写的文书。

时间越整越多，工作越整越顺

我们总能看到这样的人，不管在生活上还是在工作中，他们总是井井有条，按部就班地完成每一件事，不仅保证质量而且效率极高。其实，人的精力和时间都是相当有限的，给自己制订一份顺序表，将重要的或者对于实现目标有帮助的事情放在前面，整理好工作的顺序。这种好习惯，会助于你做每一件事上都更接近成功。

有一家美国跨国公司的老总慕名前去拜访卡耐基，想要向他学习一些获得成功的方法。来到卡耐基的办公室后，这位老总细心地发现，卡耐基的办公室异常整齐而且干净，没有一丝杂乱，老总感到很惊讶，于是忍不住问道："卡耐基先生，我听说您每天都有很多信件需要处理，但是您将那些信件放在哪里了呢？"

卡耐基回答道："那些信件都被我处理完了。"

这位老总又问道："那您今天应该还有很多没干的事情吧，那些事情都交给谁了呢？"

卡耐基微笑着回答道："我并没有将事情推给任何人，而是自己处理完了所有的事情。"

这位老总感到很诧异，问道："可是您是怎么做到在短时间内迅速处理完所有事情的呢？"

看出了这位来访者心中的困惑，卡耐基解释道："这很简单，我知道自己每天都需要处理很多事情，但是毕竟自己的精力是有限的，不可能同时完成两件事情，于是，我将自己的工作进行分类整理，并且按照这些事情的重要程度来合理排序，先将重要的事情处理完，然后再接着处理其他的事情，经过这样的整理，效率自然也就提高了。"

这位老总这时才恍然大悟，向卡耐基道谢后告辞。

一段时间后，这位老总向卡耐基发出了邀请函，邀请卡耐基参观他的办公室，在聊天的时候，他感激地对卡耐基说道："卡耐基先生，非常感谢您向我传授了那一套处理事务的方法。以前，我的办公室里到处都是要处理的文件，每次走进办公室我都会感觉恐慌和压抑，而且经常忘记一些需要立即处理的事情。自从用了您教的那套方法后，处理事情顺利多了，也不会再弄错轻重缓急，应对客户时也更加游刃有余了。”

这位老总运用了整理术后，找到了处理事务的正确方法，几年的时间，他就将自己的公司扩大了数倍，而且还涉及了其他领域，身家数亿，最终成功地跻身美国富豪之列。

在工作中，良好的整理术能够让你有条不紊地进行自己的工作。整理干净你的桌面，整理好你的工作思路，制订一份具体可行的工作计划，将每天的工作安排好，能够大大缩减你每天用来思考下一步该做什么事情的时间，省去很多精力，提高自己的工作效率。

别把时间浪费在找东西上

永远要记住，杂乱无章是一种必须袪除的坏习惯。有些人将“杂乱”作为一种行事方式，他们以为这是一种随意的个人风格。他们的办公桌上经常放着一大堆乱七八糟的文件。他们好像以为东西多了，那些最重要的事情总会自动“浮现”出来。对某些人来说他们的这个习惯已根深蒂固，如果我们非要这类人把办公桌整理得井然有序，他们很可能会觉得像穿上了一件“紧身衣”那样难受。不过，通常这些人能在东西放得这么杂乱的办公桌上把事情做好，很大程度上是得益于一个有条理的秘书或助手，弥补了他们这个杂乱无章的缺点。

但是，在多数情况下，杂乱无章只会给工作带来混乱和低效率。它会阻碍你把精神集中在某一项工作上，因为当你正在做某项工作的时候，你的视线不由自主地会被其他事物吸引过去。另外，办公桌上东西杂乱也会在你的潜意识里制造出一种紧张感和挫折感，你会觉得一切都缺乏组织，会感到被压得透不过气来。

因此，如果你的办公桌上经常有物品、文件堆积如山，你就要花时间来整理一下了，在这个时候花上几分钟到半个小时是值得的。

1.把你办公桌上所有与正在做的工作无关的东西清理出去，把立即需要办理的找出来，放在办公桌中央，其他的按照分类分别放入档案袋或者抽屉里。这样做的目的是提醒你，你现在所做的工作应该是此刻最重要的工作，你一次只能做一项工作，你要把所有精神集中在这件事上，不能让其他工作影响到你。

2.不要因为受到干扰或者疲倦而放下正在做的工作，转而去做其他不相干的事情。因为如果此项工作还未结束，就又开始另一项工作的话，你的办公桌就开始混乱。你一定要力求把你手头的工作做完后再开始另外的事情，即使这项工作遇到了阻碍，你也要尽量完成到一个再做它时容易开始的阶段。

3.一项工作做完后，一定要把与这项工作相关的资料收拾整齐，并按照类别把它们放到合适的位置，千万不要把它们随意堆放在办公桌上。

4.从办公桌上拿开目前不需要的书籍文件，将它们按照重要性和先后顺序的原则进行分类。

在每天下班前，可以抽出几分钟把办公桌收拾干净，并且每天都按照以上的标准进行清理，这样你就可以安心结束今天的工作，为明天迎来一个好的开始打下基础。长此下去，养成习惯，你的办公桌一定会保持整洁，而这对于你的工作，是有百利而无一害的。

清除混乱局面，消除负面影响

有心理学家研究发现，某一类长期不整理自己物品的人，容易患上焦虑症。他们习惯将物品随处一扔，性子比较急躁，在找不到东西时容易出现焦虑、烦躁的情绪。

比利是一家新上市公司的业务部门经理，他在相关领域有非常出色的成绩。但是，唯一美中不足的是，他的办公室永远是凌乱不堪的，对于这一点他自己也很头疼，每每在他要腾出办公室给员工开会时，都会担心自己形象被毁，因此常常产生一些负面情绪。

比利作为部门经理，做任何事情都是亲力亲为，同时，他也很关心自己的下属。一次开会时，他发现下属玛丽病了，于是停下所讲的内容，花了5分钟时间来告诉玛丽感冒时要注意什么，还建议她去买药。接着，他忽然想起自己上次买的感冒药没吃完放在办公室里。于是，他开始在自己办公室里找感冒药给玛丽，比利翻箱倒柜找了老半天，东西翻得到处都是，也没有找到那瓶感冒药，最后还是在同事的提醒下，继续将会议进行下去。可是，会议中，比利显示出了一股懊恼的情绪，他对于自己办公室这种凌乱不堪的状况很不满意，而造成这种混乱局面的原因就是他平时疏于整理自己的物品，慢慢地积少成多。

玛丽看上司想帮自己找感冒药，结果还害得他在那边懊恼不已，心里也挺过意不去。于是她主动走到比利的面前，对他说："比利，帮我一个忙吧，我们一起把你这乱得不成样的办公室整理一下，就一定能够找到那该死的感冒药。"比利看着自己如此混乱的办公室，竟不好意思了。面对玛丽的宽容，比利很过意不去地说："玛丽，谢谢你，我知道你想帮我摆脱不愉快的心情，我知道了，我要解决自己的糟糕状态就必须从它做起。"比利指了指自己的办公室。说完，比利就把自己关进了办公室，过了很长一段时间，办公室的门打开了，比利气喘吁吁地站在门口向大家大声地宣布："整理完毕，大功告成！原来整理完那些东西之后真的可以让人心情变晴朗呢！"同事们都争相跑过来看经理一下午的成果，当看到这间办公室由原来混乱的“垃圾场”变成现在一尘不染的样子，所有人都不由自主地发出了惊叹声。比利把自己办公桌上原来堆积的文件全部归类放在了两个文件夹里，同时还在文件夹正面标上记号方便区分：一个上面写着“完成的文件”，另一个上面写着“进行中的文件”。桌面上原本纸笔乱放，现在全部归集到了一个圆形笔筒里放在桌子的右上角，原本被侵占得满满当当的桌子，一下子变得干净整洁了。

桌面上除了电脑、电话、两本文件夹和一个笔筒以外就没有了多余的东西。同事们都奇怪，平时桌上堆放着的那么多的东西都到哪去了呢？接下来，比利打开了桌子下面的抽屉，为大家揭开了谜底。抽屉里面整齐地放着便利贴、记事本、透明胶、小刀等一些小工具，还有比利的手机和家里的钥匙也平稳地躺在抽屉里面。

比利说：“原本我对于自己混乱的状态感到很无助，我相信你们也都看在眼里。正是今天，玛丽的话提醒了我，我才找到一直困扰自己的原因。平时的我从没想过一个简单的物品整理却能够给我带来这么大的启发，安抚我糟糕的情绪。开始时我一直都认为整理自己办公桌上的物品纯属于浪费时间，浪费了时间就等于浪费了金钱，我由此变得懒惰，不愿意去整理，到后来就形成习惯，习惯性地认为‘我不应该去整理’。可是，让我没有想到的是，在整理混乱的物品时，也是整理了自己的思绪还有自己的心情，办公桌上的东西多并不代表都对你有用，看着整洁的桌面却能够让人眼前一亮，心里舒坦。最后，玛丽你看，感冒药我找到了……”比利得意地扬起自己手中的感冒药向玛丽扔过去。

就像比利说的那样，桌上物品多了并不是件好事，不但占空间还阻碍你寻找自己要的东西。很多人没有意识到自己的东西正在不知不觉间堆积成山，相反，拥有的东西多了还可能不会去珍惜、爱惜，随手乱扔。整理过后东西少了，基本的几样却是不可或缺的，这才能显示出物品的重要性，才足以引起主人的重视和重用。有一位作家曾经开着一辆吉普车走遍美国，把自己一路上的经历和感悟都写进了《简单需求，丰富生活》的书中。而且作者在旅程结束后向广大的读者朋友们宣誓自己要简单生活，她把自己很多的家具、厨具全部卖掉或者捐掉，用她自己的话说，“即使只有简单的物品也可以过很富有的生活”。她现在十分满意自己简单的生活状态。

如果有10个杯子和1个有10种用途的杯子让你选，你会选择哪个？是的，大家都知道1个有10种用途的杯子远远比10个杯子更有利用价值。

东西不在于多，而在于有没有用。学习和整理其实就是一个道理，把自己学习的大脑比作存放东西的桌子，太多杂乱的东西放在脑中并不能提高自己的学习效率，反而东西少，却经常用到，就像运用越多的知识点就越加牢固。

事情都具有相通性，手边的物品太多有时候反而是种累赘，而东西少就要尽可能地提高利用价值。所以，要学会整理、清除混乱局面，以提高工作成效。

留下“需要”的，扔掉“不需要”的

心理学家研究证明，人的精神注意力受周边环境的影响容易被分散，无法集中。而在工作中，办公环境的好坏是影响工作效率的一个重要因素，杂乱的办公环境容易让人产生烦躁、厌烦的情绪。因此，在工作之前必须先整理桌面。

整理桌面的第一步就是清空。只有把桌面先清空了之后才能知道最需要的东西是什么。通过整理桌面可以训练自身对于“需要”和“不需要”的判断力。很多人往往都不清楚自己真正需要或者真正想要的是什么，那么，先将桌面所有的东西用三个大盒子装，分为三大类：“需要”“不需要”和“不知道”。分好了装进盒子里，如果“不需要”盒子里的东西最多，说明其实你已经很清楚知道哪些是该扔掉的东西，一直放在桌上只是因为懒得扔或者忘记扔。那么，现在就可以扔掉那些不需要的东西了。

如果一个人总是被堆满的物品包围，会产生窒息的感觉。

在桌面清空了后，就可以把需要的东西放上去了。因为桌面的作用就是供人存放东西的，它不只是个摆设，所以，当你放置这些“需要”的物品时，仍然要想一想：这些都是需要的东西吗？如果存在否定或者疑问，就说明，你开始认为需要的东西、重要的东西实际上并不是很需要，或者说可要可不要。这说明，你在选择的时候又犯了某种认识错误，你对于“需要”和“不需要”的认识存在问题。

员工小米的桌面有好多天没有整理了，东西乱七八糟地堆成了一座小山。公司下通知要例行检查，小米这才对他的桌面重视起来，整理得差不多时，小米发现桌面角落里摆着一张镶框画，那是他很早以前特别喜欢的一幅画，是他特意从旅游区大老远带回家的，几经周折后才放在了办公桌上，为的是每天都能欣赏到美丽的风景。

可是，经过这么长时间，它已经慢慢淡出了小米的视线，也不再受到青睐，被无情地遗忘在角落。现在翻出来，它已蒙上了薄薄的一层灰，小米回忆起那时迷恋的感觉，对它恋恋不舍。所以，小米依然继续把它放在办公桌上，由于工作量增加，文件资料多了很多，桌面被画占了很大一块空间，现在已经没有足够空间放那些多出来的文件资料了。因为这幅画，小米在工作中出现了很多问题：画没有固定，容易往下滑，好几次差点打翻了装水的杯子，弄得小米措手不及……最后，小米发现，这幅画不是他需要的东西，不应该留在办公桌上。下班后，小米毅然把画带回了家。

整理桌面也是一种能让自己正确认识“需要”和“不需要”的方法。即使刚开始你会认为这是一件需要的东西，但是，一旦放在了桌面上就可以确定它是不是真的是必需的。

不管是整理物品还是心情，都可以培养自己明确分辨“需要”“不需要”的判断力，每天放弃一件不需要的东西，这样的习惯会让你从生活的烦琐事务中轻松找到解决方法。

被清空的桌面让空间变得空旷和清爽，也会让你的心情变愉快，轻松快乐、精神饱满地投入到工作中。为了保持每天的美好心情，更为了提高工作效率，整理桌面是很必要的。

学会整理术，职场越拼越轻松

在现在这个快节奏的社会里，每个人每天都有大量的事情需要处理，这时效率就显得尤为重要。为了完成工作，很多人都是采用临时抱佛脚的方法做事，不预先作计划，不提前整理好各项工作，由此将机遇扼杀在了摇篮里。

顾兰是凯兰广告传播有限公司的一名文秘，她每天都有大量的工作要处理。比如，她需要帮领导写发言稿、处理各种信息、收发文件等，每天都忙得焦头烂额。用她自己的话形容就是，每天早上来到公司就像掉在了沼泽地里面，越动陷得越深，越做事情越多，根本看不到头。虽然这样说，可是顾兰的工作还是得到认可的，否则公司也不会将她列为秘书长候选人之一。

顾兰为此还是挺满意的，觉得自己虽然忙了点，可是毕竟有回报。然而，现实总是事与愿违。这天，秘书长的选拔结果出来了，自己落选了，当选的是另一位不怎么起眼的同事黄春。在顾兰看来，黄春并不出色，因为自己每天忙得昏天黑地，而黄春似乎非常清闲，很少看到她忙碌的身影。这让顾兰非常好奇。于是，她暗地里对黄春进行了观察，一段时间后，顾兰发现，这个黄春做事果然有一套！黄春现在担任秘书长，要做的事情比自己多得多，可是黄春却有条不紊，效率非常高，似乎很多事情都在她的意料之中。而且黄春的办公桌非常整洁，不像自己的那样乱糟糟。黄春还非常善于处理人际关系，她虽然不可能认识公司里的每一个人，但亲疏有间，对每个人都很亲切。这些让顾兰非常佩服。

其实黄春所运用的正是工作整理术。黄春将自己的工作分出了优先顺序，善于从重点工作着手，提高了自己的工作效率。运用整理术，黄春不但将工作安排得有条不紊，而且因此还改变了自己的命运，当上了秘书长。

运用整理术整理自己的工作，为工作分出优先顺序，可以提高工作效率，节省更多的时间，利用空余的时间做更多的事情，拓宽自己的工作空间。

同时，运用整理术还可以整理自己的心态和思维，释放压力，活跃思维，使自己更加积极乐观，精力更为充沛，轻松高效地开展工作，大幅提升工作效率，为自己的晋升带来更多的机遇。

1 分钟整理出 10 分钟的效率

整理方面能够达到的最佳状态就是“随时要，随时拿，随时用”。整理好办公桌上物品的秩序其实就是整理好工作的秩序，一切有序进行才能提升工作效率。一个人能保持好整理的秩序，才算是一个有效率的工作者。

而对物品进行整理，首先要掌握物品整理方法中的要点。

1.办公桌上只放常用的东西

一般纸、笔、订书机、便利贴等都是办公常用的东西，如果每次都将用完的纸、笔、订书机都放到抽屉里去，虽然能保持桌面的干净整洁，但却在拿进拿出之下浪费了时间。把笔统一放在桌上的笔筒里，需要时拿着方便，而且也不会占空间；把纸全部放在一个文件夹里归置，需要时只需随手拿起；订书机最好放在手边的角落，还有便利贴可以和订书机放一起。

那些不常用的物品，诸如胶带、修正液、小刀等，就可以放进抽屉里，等需要时再拿出来用，这样既可以节省桌面空间，也不容易弄丢。

2.把物品分类放在桌面的固定位置

东西太杂太乱就需要进行归类，固定位置放固定物品，久而久之就会形成习惯，好的工作习惯也能够提高工作效率。每一次用完的东西都应该放回原处，不能随手乱放，这样桌面就可以一直保持井然有序的状态。

一般来说，记事本和水笔等用来写字的工具应该集中在桌面的右方（左撇子则为左方），用立式笔筒来放笔，这样不容易弄丢，而且也不占地方。

3.放在抽屉里的东西也要井然有序

有的办公桌有抽屉可以用来放一些缓存文件，但是办公桌的抽屉放东西不能太过随意，不然会导致东西混乱或者丢失。因此，往办公桌抽屉里放物品时也要分好区域。将抽屉分区，最重要的文件放最底层，随时需要的物品放外面。虽说有文件夹装文件或者还有双层托盘可以放文件，但是个人习惯和喜好不同，有很多人都喜欢把文件放右手边抽屉里进行保管。

有的办公桌自带了三层抽屉，最下面一层抽屉一般用来放已经处理好的、需要保存的文件，中间的那一层可以放正在办理的或者重要文件，最上面的一层抽屉放一些笔芯、图章等不常用的东西。而且抽屉里放的文件要固定好，这样拿取就方便。

将凌乱的物品进行整理，是工作结束后的必要工作，不然第二天上班时看见桌面乱七八糟的样子不仅影响工作心情，也会影响自己工作的效率。善于整理的人不仅能节省很多的时间资源，而且，仅仅需要1分钟，就能够让你拥有10分钟的效率。只要你专注于此，你还会获得更多的捷径和秘诀。

有效提升效率的三分之一法则

当你的书柜里塞满了书，虽然整齐却不利于拿取，甚至有新书都没地方放；当你的抽屉里被东西占满了，找东西时还要把所有东西搬出来才能找到，这些做法一点都不科学，没有效率，而且容易让人变得烦躁。

要想有效地提高效率，防止这类情况出现，办法就是遵循“三分之一法则”。

三分之一法则简单来说，就好像一个书桌带有三个抽屉，如果每个抽屉都被塞满了，你有新东西要放时，你能放得进去吗？或者你要从其中一个抽屉里拿一份文件，可是却在最里面的最底层压着，你能轻易把它拿出来吗？但是，如果其中一个抽屉是空出来的，那空出来的空间可以当成临时中转站，可以放一些来不及整理的东西。这也是效率高的人与效率低的人之间最大的差别。高效人士之所以效率高，就是因为他们拥有一个可以周转的空间，当有急事处理时可以做到处变不惊、处之泰然；而效率低的人就是没有给自己留下余地去承载可能出现的突发情况，一旦遇到事情就乱了阵脚。要从原先混乱的情况中摆脱出来本来就需要耗费很大的气力，更何况再去解决新出现的问题，时间上已经远远落后了一大截。

第三个抽屉充当周转空间，临时放在里面的东西可以有时间来整理。它可以分担另外两个抽屉的东西，拿取时就可以方便很多，也就不容易对整理产生厌烦的情绪，同时也能慢慢养成整理的好习惯。当然，一定要注意，及时进行整理，要保证那三分之一的空间一直存在。

提高效率就是要留出必要的空间，在整理物品中需要遵循这样的原则，在工作中更需要留有余地，这样才能保证工作正常运行，还能提高自身的工作效率，甚至改变自己的财运。

作为职场中人，在职场上作战，办公桌就是自己的阵地。面对四面八方的压力，而自己的办公桌又杂乱不堪，只会让自己更加烦躁，感觉永远都有做不完的工作，这样的情况怎么能够打胜仗呢？

其实很多时候，让人感到压力大的往往不是繁重的工作量，而是在工作中没有找到正确的方法，没有好的工作秩序。办公桌的杂乱分散了自己的注意力，加重了工作量的同时也影响到自己工作的兴致。所以，工作中也要依循三分之一法则。

处理好堆在办公桌上的待办事项

如果你到华盛顿的国会图书馆参观，就会看到天花板上有几个醒目的大字，那是诗人波普所写的："秩序是天国的第一要律。"

秩序也应是商界和生活的第一要律。但事实果真如此吗？只要我们稍加留心就会发现，很多人的桌上老是堆满了文件和资料，可有些东西一连几个星期也不曾看一眼。

当你的办公桌上乱七八糟，堆满了待复信件、报告和备忘录时，就会导致你产生慌乱、紧张和忧虑的情绪。更为严重的是，一个时常担忧万事待办却无暇办理的人，不仅会感到紧张劳累，而且会引发高血压、心脏病和胃溃疡等疾病。

宾州大学药剂研究教授约翰·斯脱克博士在美国药剂协会宣读过一份报告——《机能性神经衰弱所并发的器官疾病——病人的心理状态需要什么？》，这份报告共列举了11种情形，其中第一项为：“强迫性履行义务的感觉，没完没了的一大堆待办事项。”

美国联邦最高法院前院长查理·伊文凡说：“人不会因为过度劳累而死，却会因放荡和忧烦而去。”不错，放荡会消耗人的精力，而忧烦——因为这些人不曾把工作做完——确实为害最甚。

要在时间面前做一个精打细算的人，配合自己的精神状态去工作。用你的工作效率最高的时间处理困难的事情，或者从事创意思考工作。工作效率低的时间则用来看报、整理档案、打扫或清理信件。

把每天的工作都列成一张工作清单，并按照重要程度用数字给它们排次序。要是事情较多，就把最迫切的列为“甲类”，次要的列为“乙类”，再其次是“丙类”，或者用不同颜色的笔来分类。

按轻重缓急分类处理，拣出重要的文件，加以分类，你就可以避免因分心而浪费时间。

PART 07

排除干扰，夺回时间主动权

你正在埋头处理一项事务，这时，一位不速之客突然造访，要求与你进行业务上的商谈，出于礼貌，你不好意思开口拒绝，勉强与对方进行一次似乎没有下文的交谈。你的工作程序被无形打乱了，时间就这样白白流逝了。

这样的情形在我们的工作中时常出现。时间珍贵，我们绝不能把自己的时间花费在无关紧要的人和事上。面对意外的干扰，你要在大脑中建立这样一种意识：我有权利说“不”，把时间的主动权夺回手中。

不好意思说“不”？时间被抢了

在生活中，处处需要说“不”：

比如，双休日你正在家休息，推销员不期而至，说什么“给您送礼来了”，软磨硬缠推不出门。

电话铃忽然响了，是某家电器公司的推销人员，向你介绍一种最新产品，是如何的物美价廉。

你本来经济就有点紧张，却有朋友告诉你“要结婚了，我们是否祝贺一下？”“某某刚生了个小孩，我们去看看吗？”

当你正在办公室聚精会神地工作，来了一位工作刚告一段落的同事对你说：“休息一下，别那么累。”

刚送走这位先生，又来一位聊天的同事，如果你对他们都热情地奉陪到底，这半天就泡汤了，什么事都做不成了。

……

生活中，不知有多少人因为不好意思说出那个“不”字，而浪费了自己不少的时间，耽搁了自己紧急要做的工作。

很多人在想要回绝对方的时候，会产生一种不好意思的心理，不好意思开口说“不”。这种心理阻碍了人们把回绝的话说出口。由于这种矛盾的心情，态度上就不那么热心，说话吞吞吐吐，欲言又止欲藏又露。在这种心理的制约下，最终往往是依照对方的意图行事。即使回绝了对方，其态度也容易使对方产生误解，认为你成心拿架子，不够朋友。因此，要想使自己在工作和社会交往中不处于被动，首先要克服这种“不好意思”的心理障碍。

时间可以被活动、谈话、他人、思维方式占用、投资或消耗。如果你常常感叹：“我的时间不够。”那么，不妨静心思索，你是否说过太多无谓的“是”？把很多个人时间毫无原则地分给他人，那么，留给自己的时间就会变得寥寥无几，还会让自己变得身心俱疲，易怒，甚至生病。

因此，对于突然到访的不速之客，对于别人的不合理请求，要学会好意思说“不”。比如，你可以对人说：“真抱歉，今天是我近来最忙的一天，再累都不敢休息。”稍微知趣者，会立即退出办公室。所以说，在生活中善于说“不”，是摆脱一切干扰、保障自己时间和工作的一门拒绝艺术。

该说“不”时要说“不”

要集中精力于紧急的要务，就得排除次要事务的干扰，此时需要有说“不”的勇气。

有位夫人曾被选为社区活动的主席，可是既放不下许多更重要的事，又不好意思拒绝，只好勉为其难地接受。后来她请一位好友接下这个担子，对方却委婉拒绝了。这位夫人大失所望地说："但愿我也能拒绝。"这并不是说社区活动或社会服务不重要，而是人各有志，各有优先事务。

必要时，应该不卑不亢地拒绝别人，在急迫与重要之间取舍。

麦考梅克在大学任职时，曾聘用了一位极有才华又独立自主的撰稿员。有一天，麦考梅克有件急事想拜托他。

他却说："你要我做什么都可以，不过请先了解目前的状况。"他指着墙壁上的工作计划表，显示超过20个计划正在进行，这都是早已安排下来的。

然后他说："这件急事至少占去几天时间，你希望我放下或取消哪个计划来空出时间？"他的工作效率一流，这也是为什么一有急事麦考梅克就会找上他的原因。但麦考梅克无法要求他放下手边的工作，因为比较起来，正在进行的计划更为重要，麦考梅克只有另请高明了。

因此，要提高我们的工作效率，我们还需要分辨轻重缓急以及按部就班行事，面对该拒绝的事情就要敢于说"不"。

钱钟书先生曾把社会上流行的祝寿、纪念会和某些所谓学术讨论会一概拒之门外，而且毫不客气地一连说出七个"不"："不必花些不明不白的钱，找一些不三不四的人，说些不痛不痒的话。"钱老夫子决不媚俗，该拒则拒，决不留情。

我们在社交或工作中，要回绝某些人或某些事时，不要为了回绝而说一大堆理由，有些事不行就是不行，简明说出理由，然后不乏情义地回绝他，才是上上之策。

在工作中要学会拒绝

古希腊数学家毕达格拉斯曾经说过：“‘是’和‘不’这两个最简单、最熟悉的字，是最需要慎重考虑的字。”我们要想在工作中不受他人的打扰，除了掌握各种时间的支配方法之外，还要善于说“不”，巧妙地拒绝这些不速之客，有效掌控我们的工作。

那么，在什么情况下我们应该说“不”呢？

说“不”的指导原则是什么呢？答案是：要确立目标，划定自己的职责、能力范围，制订一个标准，看看这件事是不是值得花时间、精力去做。如果某项工作并不在自己职责范围内，不值得在它身上耗费时间和精力，那我们就要坚决地说“不”，绝不犹豫。

每个人都希望得到你的注意，而注意别人又会占用你的时间。当你正在集中精力忙手头上的工作时，别人却要求你做其他事情，你往往很难做出决定。有时候你不如直接答应别人，那样可能更省事——你至少不用花费时间去解释你为什么要拒绝。可另一方面，你并不希望总是牺牲自己的时间去做额外的事务，牺牲自己的利益去满足别人。

但是，要知道你不可能满足所有人的所有要求——你根本没有足够的时间。所以当有人向你提出请求的时候，你必须学会根据对方在你心目当中的重要性以及你不做这件事情所产生的后果来安排次序。如果提出要求的那个人在你心目当中并不重要，那你完全可以拒绝对方。如果对方要求你做的事情并不重要，那你也应该立刻表示拒绝。

在工作中每个人都有自己的任务，虽然帮助同事是种好的品质，但若妨碍了自己的工作则应该学会拒绝。

当然，拒绝他人不是件容易的事，需要一些技巧。

例如，拒绝接受不善体谅他人而又十分苛刻的上司的要求，通常都被视为不可能的事。但是，有些老练的人却深谙回拒方法，经常将来自上司的原已过多的工作，按轻重缓急编排好办事优先次序表，当上司提出额外的工作要求时，立即展示该优先次序表，让上司决定最新的工作要求在该优先次序表中的恰当位置。这种做法具有三个好处：

第一，让上司做主裁决，表示对上司的尊重。第二，行事优先次序表既已排满，则任何额外的工作要求都可能令原有的一部分工作无法按原定计划完成，因此除非新的工作具有高度重要性，否则上司将不得撤销它或找他人代理。第三，部属若采取这种方式拒绝，可避免上司误会他在推卸责任。因此，这是一种极为有效的拒绝方式。

用“不”筑起时间“防火墙”

“不”一向被认为是很生硬的一个词，好像即使你想说“不”也要改成“恐怕”“大概”才显得礼貌。其实，在一定情况下，大胆地说“不”才是一种明智的选择。生活是一场和时间、活动以及责任的战斗。说“不”可以有效保护你的时间不会被浪费，还可以避免陷入想取悦而又不能取悦每一个人（包括你自己）的困境。

张艺宁是个温柔大方又善解人意的女孩，虽然长得不算漂亮，但她浑身散发着一种亲切感，因此无论走到哪里，她都有一群很要好的朋友。张艺宁的这种性格决定了她在朋友之间属于“绝对称职”的倾听者，很多人都喜欢把个人的快乐、忧伤向她倾诉。

能成为别人倾诉的对象，本来是件好事，张艺宁也非常看重朋友、同事们的信任，因此无论是谁、在什么时候找自己聊天谈心，她都尽可能放下手中的事情去帮助朋友、同事解决问题，俨然成了朋友眼中的“心理咨询专家”。

然而，时间一长，张艺宁却发现自己已经陷入一种恶性循环。

最初，朋友之间的聊天、沟通仅限于中午吃饭时间，或下班后一起逛街购物的时间。不过，随着交往的加深，大家聊天的时间就变得不固定了，有时即使是工作时间，她的那些友人也要通过QQ、MSN之类的聊天工具东聊西扯。当然，每次有这种讨论，绝对少不了张艺宁的份。即使她手头工作很忙，别人也要把她扯进聊天讨论组。

女人之间的聊天，往往会围绕一个话题讨论很久，张艺宁发现，一旦自己卷入其中，就会荒废很多工作时间。为了找个借口不参与闲聊，她便在自己的办公桌上堆满了厚厚的文件夹，然后尽可能将自己埋首其中。但是那些八卦同事却视而不见，继续让张艺宁当陪聊。而每当遇到这种状况，张艺宁也不好意思开口说“不”，只好无奈地一边耐着性子搭讪，一边盘算着如此繁重的工作又得让自己加班加到什么时候。

如果说聊天的内容正常一些，张艺宁可能还可以忍受。只不过，在她比较亲密的这几个朋友当中，晓俊每天就只知道数落自己的男朋友，甚至还怀疑他脚踏两只船；周霞则每天抱怨单位待遇不好；芳芳更惨，今天哽咽地说自己失恋了，需要有人安慰，明天又兴高采烈地说自己与男友复合了……每次聊天结束之后，朋友们的苦闷是得到宣泄了，可是张艺宁却身心俱疲——工作一大堆，还要听她们发牢骚，并安慰她们。

但是，更令张艺宁意想不到的是，随着时间流逝，她发现自己似乎也在悄悄地改变——每天一上班就会不由自主地想起周霞的抱怨。于是，自己的工作热情瞬间就冷却了。看到上司，本来想过去打个招呼，耳边却突然响起同事曾经说过的上司的一些坏话，和上司聊天沟通的冲动也瞬间消失殆尽。听多了朋友抱怨男友的话，张艺宁也会不自觉地想：老公在外面会不会也拈花惹草？于是回到家中，常常对老公旁敲侧击或正面逼供，还不时翻箱倒柜、跟踪窥探，希望找到他在外面胡搞乱来的蛛丝马迹，弄得夫妻之间嫌隙日深。张艺宁不仅在工作上懈怠，积极性逐渐消退，还导致夫妻感情生活出现危机，生活陷入一团混乱……

有人愿意和张艺宁分享心情，这表示别人对她信任，理当好好珍惜，但这并不意味着她应该毫无原则地牺牲自己的宝贵时间。张艺宁的问题就出在这里——自己白天的主要任务是工作，若聊天时间太长，必然会大大降低工作效率。在这种情况下，可以跟对方直说："不好意思，我正在忙，老板要我在九点之前把方案交上去，等会儿有空再跟你聊……"用适当的拒绝为自己争取工作时间，这才是正确做法。

这启示我们，当他人要求你陪他做什么事情的时候，如果你觉得对其说"是"，将会导致你的时间被无谓的消耗，你就得学会对既浪费时间又没有益处的谈话说"不"。

不要让别人的打扰窃取了时间

塞维特曾经说过，有了生活的目标，也区分出正确且重要的事后，工作者若仍然时间不够，那就必须学会拒绝别人无理的要求了。

一位刚上班的女士在总结自己的一天生活时写道：

“今天一天，很忙，忙着翻译公司某个领导人的讲话，意思很容易懂，但是要翻译成通俗易懂，并且像领导人讲的话的中文，真的很难啊。没办法，硬着头皮翻译呗。心要静下来才可以翻译得好，可是总是有其他同事的电话，找我帮忙，其实不是我工作范围之内的事情。

“我可以说‘不’，这样我就可以静下心来做我的翻译，但是我没有。所以翻译的事情下班时才勉强完成，自己的工作效率反而降低了，太不值得了。

“以后要明确工作职责，礼尚往来，但是要分轻重。”

的确是这样，向别人说“不”，这是保证自己时间够用的必要方法。很多人正是不好意思对别人说“不”，以至于时间不断地被打断，根本没有办法专心工作。解决问题的时候需要灵感和安静的环境，就像上面故事里的情况一样。一旦被打断，可能你就没有了感觉，再也做不出来了。

因此，我们要学会分清事情的轻重缓急，以事情的重要程度来看要不要受打扰，或者你就直接不要让别人打扰到你。就像李开复建议的，可以这样说：“今天对我来说特别重要。如果我的项目无法在下班前有进展，会对整个小组或部门造成极严重的困扰。”一旦同事听你这么说，相信没有人会有胆量敢打扰你了，除非他的事情更重要。

一天的时间对每个人都是公平的24小时，但是一个有专注力的工作者，接到任务会先设定目标，把事情依轻重缓急分配好，把书桌整理干净，关上门，不接电话，用数小时专心地完成任务。他们很清楚，如果自我时间管理不佳，那只有被别人管理的份了。

李开复以过去在微软和他一起工作的潘正磊为例，作为微软总部产品部门晋升最快的经理，潘正磊在职场上一路绿灯，成功的秘诀就是“保护时间”。

李开复说，潘正磊刚加入微软的时候是个软件开发工程师，由于任职的小组开发产品速度非常快，几个月内就开发出了3个版本，每个版本又需要6种语言的支持。为了应对18个组合的要求，潘正磊需要跟很多其他不同的研发小组合作。每天潘正磊的办公室里总是人来人往，每个人都带着不同的问题来问他。

刚开始的时候潘正磊总是停下自己手头上的工作，先解决别人的问题，让自己忙得团团转。为了把自己分内的工作做完，他的工作时间拖得很长，但产能却没有提高。

后来潘正磊提出了所谓的“回答问题时间”，同事只有在这段时间才能来找潘正磊，其余时间不可以打扰他。

李开复说，如果潘正磊当初没有这么做，他就不会拥有现在这样的成就，可能只会在同一间办公室里，每天回答没完没了的问题，直到筋疲力尽为止。

赶走占用时间的不速之客，可以保护你自己的时间来做重要的事情。当你发现时间被别人盗取时，请告诉你的朋友、老板和同事，你认为最重要的事，以及你最在意的事，保护自己的时间所有权。

当然我们拒绝别人的请求时要讲究方法，生硬的态度容易让你的人际关系变糟，但是不够强烈的态度得不到很好的效果。拒绝要委婉，要给别人留面子，但是要果断、尽早进行。

排除占用时间的不必要干扰

做事情只有集中精力才能够把事情做好，这就必须避免一些不必要的干扰。但是，我们生活在一个复杂的社会群体之中，要完全避免干扰，任何人都无法做到。但是不管怎样，我们仍然要尽可能地减少干扰。

1.营造一个良好的工作环境

很多人工作时精力无法集中，就觉得要消除精神疲劳，改变心情，常常会在办公桌周围摆上各种不相干的东西。其实这些东西，无论是全家福照片、纪念品，还是钟表、温度计，它们既占据你的空间，也分散你的注意力。它们对你造成的干扰是无形的，是很难察觉的。遇到这种情况，办法只有一个，那就是除了办公所必需的东西外，把其他不相干的东西摆放在你的视线之外。

2.将琐事进行归纳整理

有些信件、邮件，可以归总起来一次写完；尽量安排好时间，尽可能集中依次会见来访者；必须阅读的资料，就可以集中到一起进行阅读，等等。

3.委婉拒绝别人的托付

在现实生活中，经常有人托付自己办一些事。但是如果碍于情面不好拒绝，那么就有可能会把自己的工作给耽误了。不过也不是说对于别人的任何托付都要一概拒绝，而是指在必要时，应该巧妙地拒绝别人，这样就不会被那些外在干扰打乱自己的工作计划，自己的工作也就能够顺利进行下去。

处理来自上级的干扰

来自上级的干扰，相对来说是不好处理的，因为你不可能直接对上级说“你不要这样做”或者“对不起，我没有空理你”之类的话。在你必须拒绝上级的额外工作时，你只能委婉地表达出来，甚至还要担心上级会误解你想偷懒，不愿意做事。

一般来讲，来自于上级的干扰往往是由于上级不能很好地体谅下级，或者其本人是一个令人讨厌的人（他喜欢把下级当作机器一样来使唤）。

有这样一些领导，有一种令下级感到非常尴尬的习惯。

一旦有客人来访，他就让下级同自己一起接待，即使在他与客人谈话时，他也要让下级坐在一旁，好像这样能体现出自己的尊贵似的。但是下级并不是他的花瓶，下级还有一堆工作等着去做。

为了排除上级的干扰，不浪费时间，我们可以试试以下四个秘诀：

1.和上级商量，与上级一起制订你的预定日程表。这样，上级就清楚你的工作安排了，就不会再干扰你，打乱你的预定日程。

2.定期与上级接触，报告工作，询问他有无工作需要你去做。然后，你再把这些工作安排到你的日程表中去，这样就避免了上级要求你做一些你的日程表中没有的工作。

3.当你要完成重要的工作，而周围确实是不太清静，干扰太多时，你可以明智地在公司以外的地方找一个工作场所。当上级要吩咐你做别的什么工作时，或许会因为找不到你，而吩咐别人去做。

4.使你的日程表和上级的日程表同步，协调起来。按照工作种类，使你的预定日程与上级的协调起来，就能够减少上级对你的额外干扰。

避免来自下级的干扰

作为上级，当然也存在被下级干扰的可能。

上级与下级的关系紧密，为完成某一工作，就要有上级的授权和工作指导，也要有下级的实干。只有上、下级之间配合默契，才能使工作顺利完成。否则，相互不能理解对方的观点和想法，就会走很多的弯路。

对于下级来说，不理解上级的意图，就要为一件事情反复地向上级请示汇报，因而会给上级造成干扰。

作为上级，如果能够做到以下几点，就能较好地减少来自下级的干扰。

1.对下级不仅仅采取直接面谈的方式，你可以鼓励他们使用备忘录。在备忘录中，简洁地写上下级想提的问题或者方案。这种备忘录让人看完会立刻明白问题的核心，比起冗长的谈话要省时得多。

2.每天抽出一点时间，在一定的时间内解答下级的问题，以免他们随时向你请示汇报，打扰你的正常工作。

3.不要在公司内来回溜达，到处闲逛。这样就会很容易使下级找事情来请示你，干扰你的正常工作。

4.对于下级的请示，要及时给予答复，态度明确，观点鲜明，以免下级不能领悟你的意图，而反复地向你请示。

5.给下级充分的权力和相应的责任。让下级去做某项工作，就赋予他充分的权力。如果你还是把权力抓在自己手上，那么就只能让下级打扰你，向你请示工作中每一个小细节。

应付预约来访者的干扰

那些预约的来访者，也是打扰我们正常工作的一个主要干扰源。

这些来访者与你交谈时，有时会滔滔不绝地说个没完，占用你的大量时间，让你不能正常地工作。

但是，对于我们来说，这是很不公平的一件事，因为你的时间不能因为来访者有事而被延长。因此，在处理来访者的干扰时，总是会造成一方的不满，要么是来访者占上风，你被迫腾出时间来听他说完要说的事情；要么是你占上风，请他自行退回。

不管是哪一种结果，都不要做得过分，以免伤害感情。即使在你拒绝对方的来访时，也要不失礼貌。

对于已经预约的来访者，要注意会谈的时间，尽量不要超过限定的时间。在与对方交谈时，我们要引导双方的谈话，不要让对方把话题扯到一边去。当对方将话题扯到一些没有意义的话题上去时，你可以提一些问题把它拉回原来的方向。如果对方的谈话没有条理，不合逻辑，则你也没有必要让对方硬要接受你的想法，而是要想办法引导其思维，使其意识到自己的谈话不合逻辑，从而达到较好的谈话效果。

当你感到你们的谈话已经没有必要持续，或者谈话时间已经快要结束了，而对方却还在磨磨蹭蹭地不想回去时，你可以采取一些带有暗示性的方法来结束你们的会谈。

以下是向大家提供的几种建设性方法，你可以任意选用其中之一，来帮助你排除这些来访者的干扰。

1.在你们的谈话之前，托付另外的人，让他到规定的时间进来，告诉他外面还有人等着。

2.说一些带有总结性或结论性的话，使对方感到谈话的效果已经达到了。

3.用闲话来代替正式话题，表示正式谈话内容已经结束。

4.在谈话一开始时，就告诉对方你们的谈话时限。或者在谈话接近尾声时，告诉对方你们谈话的时间有限，只能到此为止，下次再谈。

5.在谈话时，用装有闹铃的手表定时，预定的时间一到，你的闹铃就响了，使对方注意到你们的会面时间结束了，他也就不好意思再继续聊下去了。

防止“不速之客”的干扰

不速之客，是指未经预约的来访者。不速之客的干扰，既浪费时间，又打乱思路，使自己难以专心学习。

如何对付不速之客，下列途径可以试一试。

1.不要采取无条件的“门户开放政策”

最好“授权”给自己的家人甄别并阻拦来客；最好将学习

室安排在一个“隐蔽”的地方。

2.在学习室外接见不速之客

有的来访者不愿向家里的人透露来意，则可在学习室外见客，这样有助于缩短会客时间。

3.站立会客

来访者不顾家里人的阻拦而登堂入室，则可马上起立并给予友善的招呼，这样可避免对方坐下，缩短面谈的时间，主人在心理上居于上风。

4.限时面谈

和来访者面谈之初，可向来客言明能面谈的时间究竟有多少。

5.延后处理

遇到不速之客干扰时，如果需要可以另外安排谈话的时间，即延后处理。

你可以说：“对不起，我们改天或者什么时候再来讨论这件事情。”你可以当场把约定的谈话时间记在记事本上，表示你会守信用。

6.把访客转交给别人

经常是访客来找到你，明明不是你的事情，那你可以转交给别人来处理。如果可能，鼓励部属自己去寻找答案，或寻求其他同事的帮助。

7.另外安排时间

可以另外安排时间，重新安排与不速之客见面的时间。

要定一个时间上限，这样你可先安排好多次谈话的时间，访客在你结束见面之前也才不会感到意外，如果你对谈话的时间没有把握的话，绝对不要因为迟疑而不敢发问。

8.不要让别人找到你

不算是很好的方法但却很有效的做法就是不要让别人找到你。因为你的工作特别是你的职位越高，你的工作任务越重，你的时间就越宝贵。不让别人找到你，即不干扰别人也就不被别人干扰。

9.推迟回家

为了增加学习时间，有工作的自学者可推迟下班，在校学习的学生可延迟回家，这是因为下班放学后的不速之客通常以闲聊者居多。

9 招谢绝占用时间的请求者

人的时间都太少，若忙于应付别人的请求，那么就会没有自己的时间了。因此，我们要学会拒绝别人的请求。

但是令很多人没有办法拒绝的是，有时候的请求看起来并没有什么不可以。这个时候你就要坚定自己的决心，敢于拒绝别人的请求，不要让别人的打扰把你的时间和计划弄得支离破碎。

下列9项有关拒绝接受请求的要领，可供大家参考：

1.要耐心倾听请求者所提出的要求。即使你已知道这个请求非加以拒绝不可，你都必须凝神听他讲完。这样做，为的是确切地了解请求的内涵，以及对请求者的尊重。

2.拒绝接受请求时，你在表情上应和颜悦色。最好多谢请求者能想到你，并略表歉意。切忌过分地表达歉意，以免令对方以为你不够诚挚——因为你如果真的感到那样严重的过意不去，那么你将会设法接受他的请求而不会加以拒绝。

3.拒绝接受请求的时候，应显示你对请求者的请求已给予庄重的考虑，并显示你已充分了解到这种请求对请求者的重要性。

4.拒绝接受请求者，你最好能对请求者指出拒绝的理由。这样做，将有助于维持你跟请求者的原有的关系。但这并不意味着对所有的请求拒绝都必须附以理由。有时不申诉理由反而会显得真诚。例如偶尔对频频请求的人和颜悦色地说："真抱歉，这一次我将无法效力，希望你不要介意！"相信这样不至于产生不良的后果。一旦你附以拒绝的理由，则只需重复拒绝，而不应与之争辩。

5.切忌通过第三者拒绝某一个人的请求，因为一旦这么做，不仅显得你懦弱，而且在请求者心目中会认为你不够诚挚。

6.拒绝接受请求之后，如有可能你应为请求者提供处理其请求事项的其他可行途径。

7.如你无法当场决定接受或拒绝请求，则要明白地告诉请求者你仍要考虑，并确切地指出你所需要考虑的时间，以消除对方的误解。

8.要令请求者了解，你所拒绝的是他的请求，而不是他本身。这即是说，你的拒绝是对事而不对人的。

9.拒绝接受请求时，你除了应显露和颜悦色的表情外，还应显露出坚定的态度。这即是说，不要被请求者说服而打消或修正拒绝的初衷。

以上9种要领，运用之妙存乎一心。

PART 08

高效利用时间的 12 大法则

“工欲善其事，必先利其器。”做任何事情都应当有合适的方法和技巧，用对了方法与技巧，才能达到事半功倍的效果。

面对繁多的工作事务，只有方法和技巧得当，工作中才能做到从容应对、举重若轻。一个人若能熟练准确地对时间和工作进行统筹规划，将减少大量时间、精力的浪费，更有效率地开展自己的工作和生活。最小的努力取得最大的成果，是高效工作的不二法则。

目标法则：方向比努力重要

为什么有的人在工作中能创造出很高的效率，而有的人忙忙碌碌却最终一事无成呢？关键在于他做事没有方向，把他的时间和精力消耗在偏离方向的不重要的事情上，因而做了一些无用功。他们在羡慕他人成功的同时还往往不知道自己的失误到底在哪里。

其实，无论干什么事都要掌握好方向，即目标。没有方向，漫无目的地去干，那样就等于是在白白浪费时间，根本就不会有什么高效率可言。

想要把自己的工作安排得秩序井然，首先需要确立自己的工作目标。只有确立了自己的工作目标，知道要往哪里走，才不会无所适从。目标的作用是不言而喻的，有了目标才会有方向，并使人坚持下去。简而言之，目标大概有以下几个作用：

首先，目标可让人的心态更加积极。目标可以使人产生方向感，也是对自己的一种督促，而且可以让人更清晰地认识自己的工作，对自己以后的工作有个大致的了解，方便人们制订自己的工作计划。同时，在目标的实现过程中，可以让自己体验到成就感、自豪感，感受到生命的意义、工作的价值，从而提高对工作的热情，增强自信心。这样，心态就会变得更加积极，让人不断地自我完善。

其次，目标有利于工作重点的把握。没有目标的工作就会显得混乱，看不到各项工作之间的联系，而陷入琐事之中。有了工作目标之后，可以让人更容易把握工作的重点，指导自己的工作。看到各项事物之间的联系，便于对工作做出合理的安排。而且，可以转移人的注意力，将目光由工作过程转移到结果上去。

再次，目标可以让人重视时间，注重现在，看到未来。人生重要的不是幻想未来，而是把握现在。没有工作重点，很容易让人忽视此时此刻的工作，沉浸在对未来的幻想之中。而有了目标之后，便可让人看到自己工作的组成，有利于把握现在，将精力花在此时此刻的工作上，而不是沉浸在对未来的幻想中。同时，有了目标，也可以让人看到未来，从而激励人们为了美好的未来而前进。

最后，目标有助于工作的评估。在日常工作中，没有目标，很难看出工作的效果，也不易于察觉工作中的失误。有了目标之后，就可以让工作变得具体，也让工作有了标准，这样就可以随时对工作的效果进行评估，对于工作中的失误也更易于觉察，从而不断地进行改正与完善。

当然，目标的种类有很多。有长期目标，或者叫终极目标，如人生目标；也有中期目标，如五年计划、一年计划；还有短期目标，如月目标、周目标；甚至有微型目标，如今日目标、某件事的目标等。

但不论什么目标，都能激励人们。而对于目标的整理，还要把握以下几个原则。

第一，具体明确。只有一个具体明确的目标才能促使人去实现，而模糊的目标只能是空想。《富豪的心理》中有这样一句话："通过对富豪的研究，我发现，所有的富豪有一个共同的特点，他们都有一个具体而又明确的目标，具体到自己所要赚的钱的数量以及实现目标的时间表。"

第二，合理可行。不合理的目标不可能实现，不可行的目标无法实施。所谓的合理可行就是要符合社会趋势、个人特点，要准确地评估自己的能力，认清现实环境以及目标实施的环境。

第三，少而精。目标过多，精力会被分散，耗费大量时间。美国著名投资家巴菲特在他很小的时候就为自己制订了两条原则：一是目标的设立必须经过严谨的思考与计算；二是设定目标之后，不能轻言放弃。

明确了工作目标后，就要锁定这个目标，并简化目标，确保每次工作都将全部的精力集中在这一个目标里面，而不是一心二用。

计划法则：效率来源于事先规划

时间管理专家认为，每次花少许时间去预先计划，收效将会十分显著。事先花十分钟筹划，过程中就不必花一个钟头去记起该做些什么事。

很多人认为，与其把时间都花在对于未来的计划上，不如脚踏实地的苦干。实干固然很重要，但合理的计划却可以让我们事半功倍。如果说实干是汽车的发动机，那计划就是汽车的方向盘。脱离了方向盘，汽车难免会走弯路，浪费了精力和时间。只有照着计划前进，才能快速有效地实现目标。

国外专家通过大量研究证实了一项常识：用更多的时间为一项工作做事前计划，做这项工作所用的总时间就会减少。所以，不要让今天繁忙的工作把你的计划时间从工作时间表中挤出去。

计划可以分为两种：长期的计划与短期的计划。

长期性的工作常让你很头疼，因为它们往往难以预期。对待长期的计划，有以下几点：

第一步，设立总的目标。这一步的关键在于不仅要把观念或信条确定下来，而且要使其具体化，将总目标分解细化，使其成为指导工作的方针和努力的方向。

第二步，进行预测。在进行计划时，要考虑对客观环境的分析预测，离开了客观环境，长期发展计划则不啻为沙上建塔，空中造楼。尤其当计划延续很长时间时，要注意分析客观环境的变化。

第三步，设立阶段计划。把长期的工作分割开来。由于长期性工作费时费力，人们容易失去工作的热情，因此自己设定几个进度，并规定好它们的截止时间，反而是更有力的自我激励的方式。

第四步，每周订下固定的若干时间专门处理长期性的工作。刚开始不要订下太长的时间，否则容易引起自己的挫折感，应该积少成多，渐有所成。

第五步，事先找出下一步工作的重点，并不断地熟悉它。

第六步，养成固定的工作习惯。如果事先规定自己每周或每天的某个时候，必须从事那些花费多时的长期性工作，久而久之，一到那个时候会主动地空出时间去做它，这就是习惯的力量。

第七步，偶尔转变工作的角度。长期从事某一工作，容易使人觉得疲惫、毫无成就感而减少对工作的兴致。所以换换角度容易提高对工作的兴致。

对于短期的计划，我们可以每隔一个时间段检查一下。

1.每日之末。最好在每天醒来之时知道今天该干什么，先干什么。所以，每日之末，拟订一个要在明天达到的成果和如何进行的简要计划，按重要程度顺序排列，把重要项目编上号码。

2.每周之末。一周是一个工作阶段的结束。在每周的最后一个工作日之末，花点时间检查一下本周的主要活动，同上次计划的成果进行比较，找出可以改进之处，并拟订出下周各项工作的计划。详细的话，也可拟订出下周每天要达到的一项或几项主要目标。

3.每月之末。与一周一样，总结本月的重大事件，反思并拟订出下个月要达到的一些主要目标，也可以计划出下月的每一周你要达到哪一项主要目标。

4.每季之末。检查本季成果，同预期计划比较，确定补救措施和改进方案。确定下季每月工作要点。

依次类推……

需要注意的是，同时进行数个计划容易顾此失彼，不仅完成的时间要延长，而且其品质也无法控制得当。所以最好根据工作的紧急性、成功的可能性、事件的重要性与预期效果和所需时间来决定计划的轻重缓急，否则一箭“数”雕，只能使质量每况愈下。

GTD法则：减少焦虑，无压工作

GTD就是Getting Things Done的缩写，翻译过来就是“把事情做完”，GTD的核心理念就是必须记录下来要做的事，然后整理并安排自己一一去执行。主要原则在于一个人需要通过记录的方式把头脑中的各种任务移出来，通过这样的方式，头脑可以不用塞满各种需要完成的事情，而是集中精力用在正在做的事情上，是一种消灭压力的高效工作方法。

GTD的方法，正是帮助我们解决掉事情老是萦绕心头的感觉，减少甚至是消除焦虑，真正做到“无压工作”，合理支配时间，轻轻松松完成每一项工作任务：

1.确切地认定它们的预期结果是什么。

2.决定你下一步的具体行动到底是什么。

3.把后果和即将采取行动的提示信息存入你所依赖的体系中去。

GTD的五个核心原则是：收集、整理、组织、回顾、执行。

1.收集

把任务从大脑里清出来，形成待办列表。其流程为：把任务从大脑里清出来——填入收集的设备中——准备下一步的处理。

2.整理

整理待办任务、分类任务。

（1）不把任何信息放回收集箱，处理完一件任务就打一个对勾。

（2）如果任何一项工作需要做，就马上执行去做（如果花的时间少于两分钟）；或者委托别人完成，或者将其延期。

（3）否则就把它存档或删除，或是为它定义合适的目标与情境，以便下一步执行。

3.组织

下一步行动、形成项目、等待处理、将来处理。

（1）等待处理清单，主要是记录那些委派他人去做的工作，比如有封邮件问这件事由谁负责，可转交处理，如果你是主管，可安排下属去做。

（2）将来处理清单，则是记录延迟处理且没有具体的完成日期的未来计划等。

（3）下一步处理清单，则是具体的下一步工作。而且如果一个任务涉及多步骤的工作，那么需要将其细化成具体的项目。老外把不能在两分钟内完成的、需要一系列动作来进行的任务叫作“项目”。

4.回顾

按日回顾、周回顾、月回顾来总结GTD系统。

回顾自己在过去一天、一周或一月取得的进步，制订下一天、下一周或下一个月的计划。

5.执行

Do it！没什么好说的！集中精神执行。

GTD时间管理中的注意事项：

（1）完整地收集，做到一件都不漏。

（2）弄清楚工作是为了什么。

（3）判断下一步的行动是什么。

（4）将事情合理分类，准确执行。

（5）Do it now！现在，立刻，马上去做！

NLP 法则：用好时间做对事

NLP是神经语言程序学的英文缩写。N（Neuro）指的是神经系统，包括大脑和思维过程；L（Linguistic）是指语言，更准确点说，是指从感觉信号的输入到构成意思的过程；P（Programming）是指为产生某种后果而要执行的一套具体指令。NLP即指我们思维上及行为上的习惯，就如同电脑中的程序，可以通过更新软件来改变。

故此，NLP也可以解释为研究我们的大脑如何工作的学问。知道大脑如何工作后，我们可以配合和提升它，从而使人生更成功快乐。

NLP是对人类主观经验和方法的研究。更直白地说，NLP就是我们用思想来支配、调整时间和工作的具体方法。

NLP关于时间管理的主要观点是：

1.把时间变成生命。

2.让你个人的力量最大化。

3.把时间把握在自己手中。

4.让自己每天比别人多一个小时。

NLP时间管理的黄金法则包括：

1.坚守价值观，用好时间做对事。

2.注意力集中在身份、信念、价值。从管理生命的角度上来看，时间管理的三大根本是对价值观的管理、对状态的管理以及对习惯的管理。

3.平衡各方面的需求。保持生活平衡是做对事的一个很重要的方面。不同的人对自己是否做对事有不同的评判标准，很多人都会把事情的结果是否符合自己的价值观作为评判标准。但其实，关键是要看行为是否符合客观规律。

4.关注要事而非急事。通常来说，在重要而不紧急的事情上应该花费的时间是65%~80%，但实际上，我们可能仅仅用了15%的时间去做这些事情。而对于那些紧急而不重要的事情，我们会花50%~60%的时间在这上面，但其实，它们只需要15%的时间去完成。

5.自控力出问题不要批评自己。当个人的自控力出现问题时，不能将行为与个人等同起来，行为上的缺陷并不等于个人的缺陷。如果在出现问题时一味自责，就会打击自己的自尊心和自信心。我们可以批评犯错误的行为，但是这种批评是对事不对人的。我们要知道，做任何事情都比干坐着强。

6.记录时间使用状况。要改善时间管理状况，就必须知道自己是如何使用时间的。否则就两眼摸黑，没有下手处。清楚自己的时间用在了什么地方是时间管理的起点。

7.制订书面计划。如果每天工作之前能用8分钟做计划，并养成习惯的话，那么你每天就可以赢得一个小时的时间，用来处理其他重要事情。每天工作结束后，要开始制订第二天的计划，一旦做好了计划，你的潜意识就会通宵达旦地围绕着它转。通常，第二天醒来，就会迸发出灵感，让你更快、更好地完成任务。

8.按照精力周期来安排一天的工作，便可以大幅度提高工作效率。可以把最重要的事情安排在精力最好的时候，精力低谷时，则可以利用这段时间来放松自己，做一些不太重要的事情。

9.应对干扰。对干扰情况，进行分析。当你知道什么时间干扰最少时，就可以在这个时段来做重要的事情。

80/20 法则：先做重要的事

80/20法则是按事情的重要程度编排行事优先次序的准则，是建立在“重要的少数与琐碎的多数”原理的基础上的。法则由19世纪末期与20世纪初期的意大利经济学家兼社会学家维弗利度·帕累托所提出的，因此又叫帕累托法则。

其内容是：80%的价值是从20%的项目中获得的，而剩下20%的价值则是从80%的项目中产生的。也就是说，只要集中时间和精力，用在自己所担任工作的20%上，就可以取得80%的成果。

从以上可以看出，帕累托法则不过是：“重要的事情先做”，集中时间和精力做重要的事情这一普通道理的数量化说明而已。实际上，多数人并不去追究帕累托法则提出的比例是否正确，只是因为它提出的大致目标，用来衡量办事的效益很便利，所以才广为人们所采用。

帕累托法则是一个极其重要的运筹时间的辩证法则，它简单明确地告诉我们做事要分清事情的轻重缓急，要明白时间应分配在哪，而将精力集中在哪些工作上有可能取得最大的成效。

那么，在工作中是如何运用80/20法则呢？具体来说，步骤如下：

第一步——列出工作任务。

首先，你应该确认你的工作任务是什么。如果可能的话，你最好把它们列在纸上或其他地方。

第二步——决定你的20%。

搞清楚在你所有的工作投入中，哪些20%可以决定80%的产出。根据工作任务的重要性和紧急程度，你可以将工作划分成以下四种类型：

A类——紧急且重要；B类——紧急但不重要；C类——不紧急但重要；D类——不紧急也不重要。

第三步——对每种类型予以不同对待。

对A类工作任务，你最好首先处理。

对B类工作任务，你最好予以关注，确保它们能在各自截止日期之前完成。通常情况下，这些任务将会使你受益。

对C类工作任务，你最好不要投入过多精力来完成，但需及时处理。

对D类工作任务，你最好把它们累积起来集中处理，或者每周处理一次。

你应该关注关键的20%优先处理（A类工作任务），同时关注B类工作任务，以确保它们能在各自截止日期前完成，当你能成功地处理好B类工作时，你的A类任务应该减少。

运用帕累托法则，为自己的工作列出一个合理的工作顺序，可以节省很多时间，有效地利用时间。也可以为自己省去很多烦恼，使自己的工作井井有条。给工作排出顺序，更是提高工作效率的好方法。

为自己的工作排出一个顺序，可以为自己减轻负担，也不至于盲目地忙碌。而想要给自己的工作排出顺序，要有一定的能力。更关键的是，要有长远的眼光，一眼看出事情的关键。要有清晰的头脑，不被繁杂的事情迷惑。更需要倾听，从倾听中了解事情的轻重缓急。

清单法则：理清事务出效能

有个名叫约翰·戈达德的美国人，当他15岁的时候，就把自己一生要做的事情列了一份清单，被他称为“生命清单”。在这份排列有序的清单中，他给自己定下所要攻克的127个具体目标，比如，探索尼罗河、攀登喜马拉雅山、读完莎士比亚的著作、写一本书等。在44年后，他以超人的毅力和非凡的勇气，在与命运的艰苦抗争中，终于按计划一步一步地实现了106个目标，成为一名卓有成就的电影制片人、作家和演说家。

如果能学会写出每天的事务清单，则时间的效能可以大幅提高。

1.每天清晨把一天要做的事都列出清单

如果你不是按照做事顺序去做事情的话，那么你的时间管理也不会是有效率的。在每一天的早上或是前一天晚上，把一天要做的事情列一个清单出来。这个清单包括公务和私事两类内容，把它们记录在纸上、工作簿上或是其他什么上面。在一天的工作过程中，要经常地进行查阅。

2.把接下来要完成的工作也同样记录在你的清单上

在完成了开始计划的工作后，把下面要做的事情记录在你的每日清单上面。如果你的清单上内容已经满了，或是某项工作可以转天来做，那么你可以把它算作明天或后天的工作计划。你知道为什么有些人告诉你他们打算做一些事情，最后却没有完成的原因吗？这是因为他们没有把这些事情记录下来。

3.对当天没有完成的工作进行重新安排

现在你有了一个每日的工作计划，而且也加进了当天要完成的新的工作任务。那么，对一天下来那些没完成的工作项目又将作何处置呢？你可以选择将它们顺延至第二天，添加到你明天的工作安排清单中来。但是，希望你不要成为一个做事拖拉的人，每天总会有干不完的事情，这样，每天的任务清单都会比前一天有所膨胀。如果事情的确重要，没问题，转天做完它。如果没有那么重要，你可以和与这件事有关的人讲清楚你没完成的原因。

4.把未来某一时间要完成的工作记录下来

你的记事清单不可能帮助提醒你去完成在未来某一时间要完成的工作。比如，你告诉你的同事，在两个月内你将和他一起去完成某项工作。这时你就需要有一个办法记住这件事，并在未来的某个时间提醒你。其实为了保险起见，你可以使用多个提醒方法，一旦一个没起作用，另一个还会提醒你。

5.把做每件事所需要的文件材料放在一个固定的地方

随着时间的流逝，你可能会完成很多工作任务，这就要注意保持每件事的有序和完整。一般把与某一件事有关的所有东西放在一起，这样需要查找时，将会非常方便。当彻底完成了一项工作时，可以把这些东西集体转移到另一个地方。

6.清理你用不着的文件材料

把新用完的工作文件放在抽屉的最前端，当抽屉被装满的时候，清除整个抽屉的文件。换句话说，保留一个抽屉的文件，总量不会超出这个范围。有的人会把所有的文件都保留着，这些没完没了的文件材料最后会成为无人问津的废纸，很多文件可能都不会再被人用到。我在这里所提到的文件材料并不包括你的工作手册或是必需的参考资料，而是那些用作积累的文件。

7.定期备份并清理计算机

对保存在计算机里的文件的处理方法也和上面所说的差不

多。也许，你保存在计算机里95%的文件打印稿可能还会在你的手里放3个月。定期地备份文件到光盘上，并马上删除机器中不再需要的文件。

限制法则：在规定的时间内完成任务

如果你有一项6分钟就可以完成的工作，而你分配了6小时去做，那么你肯定会耗尽6小时才能完成。人们称之为帕金森效应。帕金森效应的一般形式是给定多少时间，开发工作就将使用多少时间。也就是说，你告诉我有两年的时间，那么这个工作也将花两年的时间才能完成。

这种效应是真实存在的。例如写论文，这是在学校里面最经典的一个时间管理的例子，我们见过很多成绩好的同学，几乎他们的做法都是一样的，当论文布置下来的时候，规定1个月时间上交，这些人就马上开始制订目标和计划，进行论文提纲的草拟和寻找资料。当用几天时间完成这个过程之后，他们就开始写，边写边改，而且在这个过程中还会请教老师，请老师给予反馈，基本上半个月时间这些人就完成了论文，于是工作放下，早早放假去了。

而“完美主义”者和恐惧者们，也就是大多数人的做法，准备用1个月的时间（也是帕金森定律的表现，你永远会找出事情填满你的时间，就如同花钱一样，你永远能想办法花光你的钱，不管你买的东西是不是你真正需要的）写出一篇完美的论文。

他们大概用最初十天到二十天玩，或者做自己最舒服的事情，总之和论文不相关，在他们眼里看来，写一篇论文需要很长的时间去准备，需要找很多很多资料。而且在他们看来，写论文是很难的事情，除非把一切准备好了，否则他们是不会开始写第一个字的。他们必须“追求完美”，让每一个字都完美，到了最后五天的时候，他们感觉再不动笔已经来不及的时候，于是开始被迫动笔写。一开始写就发现很多想法是不对的，很多资料也是用不上的，但这时候只有五天了，于是他们只能草草地写完，最终在截止期限前一两个小时甚至几分钟前慌忙打印完，最终交了上去，气喘吁吁地回来，庆幸自己终于按时交上了论文（具有讽刺意味的是，完美主义者最后得到的结果往往是最不完美的）。

所以我们随时都要小心这种效应，不要被它慢慢吞噬掉我们的时间。经过很多的时间管理学家的研究后，发现关键链可以解决这个问题。那什么是关键链呢?

我们如果分配给一个任务的时间不够用，或者刚刚够用，那么就不会有帕金森定律。因此，关键链方法采用的策略很简单，规定完成期限，缩短任务工期，把多余的时间去掉。

一个人做一件事所耗费的时间差别如此之大：他可以在10分钟内看完一份报纸，也可以看半天。特别是在工作中，工作会自动地膨胀，占满一个人所有可用的时间，如果时间充裕，他就会放慢工作节奏或是增添其他项目以便用掉所有的时间。工作中只要有富余时间必定被消磨掉，而去掉富余时间可以消除磨洋工现象，提高工作效率。

我们接到的任务时间是不同的，不管任务是否紧急，我们都要马上着手进行，给自己设定一个完成的期限，严格按照规定的时间保质保量地完成任务。照这样的方法，我们就可以避免陷入“帕金森效应”了。

委派法则：让别人跟着你的手指转

有的人工作十分繁忙，可以说：“两眼一睁，忙到熄灯”，一年三百六十五天，整天忙得四脚朝天，恨不得将自己分成几块，仍然觉得时间不够用。这种以力气解决问题的思路太落伍了。出路在于智慧，采取应变分身术：管好该管的事，放下不该自己管的事。

授权是领导者走向成功的分身术。今天，面对着经济、科技和社会协调发展的复杂管理局面，即使是超群的领导者，也不能独揽一切。领导者，尤其是高层领导者，其职能已不再是做事，而在于成事了。因此，他们必须向员工授权，他是一根指挥棒，指挥着别人的方向，让别人跟着他的手指转。

领导把事情指派或者是授权给别人的时候，有以下几个好处：

1.可以把领导者从琐碎的事务中解脱出来，腾出时间专门处理重大问题。

2.可以激发员工的工作热情，增强员工的责任心，提高工作效率。

3.可以增长员工的能力和才干，有利于培养干部。

4.可以充分发挥员工的专长，弥补领导者自身才能的不足，也更能发挥领导者的专长。

一位商场老将这样说："当我刚刚坐上经理的位置时，我根本就还没有进入角色，很多事情都还是自己做，不会把工作分配给下属，结果弄得自己相当疲惫。后来慢慢地就明白了，作为管理者，他的任务和一般员工是不一样的，他的首要任务和终极任务就是管理。他要把任务分配给各个人，并做一个统筹的工作，掌握工作的总进度，并在适时的时候做出决策。这才是一个管理者的价值所在，其他人只要跟着他的手指转就好了。"

事事亲力亲为是很没有效率的做法，管理者要学会给员工授权，以使自己有足够的时间去做更重要的事。

领导者或管理者向员工授权时，有几个问题需要注意到：

1."因事择人，视能授权"，一切以被授权者才能的大小和水平的高低为依据。

2.对被授权者进行严密的考察，力求将权力和责任授权给最合适的人。

3.必须使被授权者明确所授事项的任务、目标和权责范围。

4.所委托的工作，应当力求是被授权者感兴趣且乐于完成的工作，双方应建立相互依赖的关系。所授的工作量以不超过被授权者的能力和体力所能承受的负荷为限度，适当留有余地。

5.一般只能对直接下属授权，绝对不能越级授权。否则，会造成中层领导的被动，增加管理层和部门之间的矛盾。

6.不可将不属于自己权力范围内的事授予员工，否则势必造成机构混乱、争权夺利等严重后果。

7.尽量支持被授权者的工作，被授权者能够解决的问题，授权者不要再做决定或指令。

8.凡涉及有关全局问题的，如决定组织的目标、方向和重大政策等，不可轻易授权。一般应由有关部门提出方案，最后由高层领导直接决策。

9.指派了任务给下属以后，就要尽可能让下属独立工作，给他们以权力，不必事事向领导报告。

指派了工作给别人，就是腾出了时间给自己考虑更重要的事情。让你的下属有一些自主权，可以提高他的积极性，积极的态度总是能取得更好的效果，也使这项任务的工作者更乐意接受分配的工作，并提高了整个组织的效能。

指派和授权不但不会丢掉你手里的权力，还会让大家围着你转，一切都在自己的掌握之中，时间会用得更少，效率却提上去了。

一次法则：第一次就把事做对

其实我们做事情最怕的就是辛辛苦苦了一场，等来的却是不合格，需要从头再做。费尽心思做的东西相当于白费了，以前的时间也是一去不复返了，所有的事情前功尽弃。

为了防止这样的事情发生，最好的方法就是一次性把事情做好，这样既避免了以后修改或者是重做的麻烦，也防止了时间的浪费。

“第一次就把事情做好”，是一种追求精益求精的工作态度。许多人做事不精益求精，只求差不多。尽管从表现上看来，他们也很努力、很敬业，但结果却总是无法令人满意。

有位广告经理曾经犯过这样一个错误，由于完成任务的时间比较紧，在审核广告公司回传的样稿时不仔细，在发布的广告中弄错了一个电话号码——服务部的电话号码被他们打错了一个数字。就是这么一个小小的错误，给公司带来了一系列的麻烦和损失——公司的广告被重新修改，并引起客户的很大不满。

我们平时经常说到或听到的一句话是：“我很忙。”是的，在上面的案例中，那位广告经理忙了大半天才把错误的问题料理清楚，使其他工作不得不靠加班来完成。与此同时，还让领导和其他部门的数位同仁和他一起忙了半天。如果不是因为一连串偶然的因素使他纠正了这个错误，造成的损失必将进一步扩大。

第一次没做好，也就浪费了做事情的时间。第二次把事情做对了，但从时间上来说，是既不快，也不便宜，而且有的时候，机会没有第二次了。

由此可见，第一次没把事情做对，忙着改错，错中又很容易忙出新的错误，恶性循环的死结越缠越紧。这些错误往往不仅让自己忙，还会放大到让很多人跟着你一起忙，造成巨大的人力和物资损失。

在行为准则的贯彻执行上，“第一次就把事情做好”是一个应该引起足够重视的理念。如果这件事情是有意义的，现在又具备了把它做好的条件，为什么不把它做好呢？每个人只有把事情一步一步地做对了，才可能达到第一次就把事情做好的境界。

专注法则：一个时间做好一件事

古往今来，凡是卓有成就的人，他们都有一个共同点，那就是很注意把精力用在做一件事情上，专心致志，集中突破，这是他们做事卓有成效的主要原因。

法国著名侦探小说作家乔治·西默农在写作的时候，就把自己完全和外界隔绝开来，不接电话，不见来访的客人，不看报纸，不看来信。也许他的方式是常人难以理解和做到的，但结果就是他能在相同的时间内完成常人花10倍时间也难以完成的任务。他之所以能成为成功人士，不是因为他有比我们更高的天赋，而是因为他做事情比我们更加专注，更善于利用时间和管理时间。

在所有时间管理的原则中，最基本的一条莫过于要专心致志。那些在时间管理上有严重问题的人，大都因为他们想同时做太多的事情。的确，有些事情也很重要，不过没办法一次性解决。只有按照合理的次序，才能做到有条不紊。心急吃不了热豆腐，想一口吃成个胖子的想法是不切合实际的。

一次只专心做一件事情，全身心投入并积极地希望它成功，这样你就不会感到筋疲力尽，不要让你的思维转到别的事情、别的需求或别的想法上去。专心于你已经决定去做的那个项目，放弃其他所有的事情。

同时要做几件事，这种急功近利的做法是不可取的。当你集中精力于眼前的工作时，你就会发现你将获益匪浅，你的工作压力会减轻，做事不再毛毛躁躁、风风火火，变得条理清晰。

把你需要做的事想象成是一大排抽屉中的一个小抽屉。你的工作只是一次拉开一个抽屉，令人满意地完成抽屉内的工作，然后将抽屉推回去。不要总想着所有的抽屉，要将精力集中于你已经打开了的那个抽屉。一旦你把一个抽屉推回去了，就不要再去想它。了解你在每次任务中所需担负的责任，了解你的极限。如果你把自己弄得筋疲力尽和失去控制，那你就是在损失你的效率、健康和快乐。最重要的事先做，其他的事放在一边。做得少一点，做得好一点，才能在工作中得到更多的快乐。

一个人的精力是有限的，所以才需要我们对时间做更好的安排，按照事情的重要程度来依次往下做。只有这样的人才能知道轻重，不会一会儿挖地，一会儿放牛，摸不清自己的方向，做事没有效率。

一个人围着一件事转，付出了100%的精力；一个人围着全世界转，付出的努力就微乎其微了，最后全世界可能都会抛弃他。我们要选择重要的事情做下去，一个时间做好一件事情。

平衡法则：再忙也要歇一歇

工作——余暇——睡眠，宛如一根首尾相接的链条，缺少哪一节都不行。

正如人在长跑后不能立即坐下来休息一样，人在工作之后也不能马上就躺下睡觉，因为和工作有关的东西，还可能留在脑子里，继续耗费你的精神。如果这时搞一些消遣活动，从而使你的身体和精神真正松弛下来，才能真正获得更有效的休息。所以，人不但需要工作时间、睡眠时间，也需要一定的余暇时间。

英国作家莫里斯说：“他们有权要求空暇时间必须充足，好让他们充分休息身心。一个人必须有时间从事严肃的个人思考，从事想象——甚至做梦——不然的话，人类将不可避免地降低生活品质。”所以，余暇时间，对于工作来说，它是一贴大补元气的良药；对于扩大知识面来说，它犹如编织网络的来回自由的梭子；对于发明创造来说，它是一种激发人的心理潜力的动因。

因为人们的生活节奏普遍加快，社会生活变得更加复杂，所有现代人辛勤工作的不少，可是这些人却可能忘记一件重要的事，那就是“休息”。在很多人的观念中，总认为休息是迫不得已的，它和工作互相排斥会影响工作情绪、效率和时间。

古人形容一个人工作卖力时曾用“废寝忘食”进行称赞，也可见影响之深。人们普遍认为，一个人不宜将私事带进工作，但是工作却可以肆无忌惮地侵占私人的休息时间。因为人们有个根深蒂固的观念：只有勤奋工作是值得称赞的，休息则代表着偷懒和精力不济。因此，他们千方百计增加工作的时间，缩短休息的时间，甚至极端的会成为工作狂，除了吃饭睡觉，几乎完全没有了休息的时间。

当代人很容易被拖进这个旋涡，就是工作时间占用过多的休息时间，危害了自己的健康，进而影响到工作。这就是人们已经逐步认识到的“现代病”。

一般拼命工作的人都会有这样的体验：当早上已经连续拼搏了几个小时，身体已很疲惫，到了中午时分，饥肠辘辘之时，便会觉得浑身疲惫到了极点。据统计，公司员工在中午开饭前半小时或下午临下班前的工作效率是极低的。

很多老板和公司员工，在公司里都不好意思休息，怕被人说成是偷懒。你想，在办公室里谁好意思趴在那儿打瞌睡呢？很多人尤其是老板工作繁忙之时，一般都会非常珍惜时间，即使累得要死，也是硬撑着咬牙坚持，或者喝杯浓茶咖啡之类的饮品提提神儿，然后继续进行那没完没了的工作。

如果觉得疲倦了仍不停手地硬撑着干下去，虽然明知此时效率肯定会大打折扣，仍然认为休息是在浪费时间，还是死命地硬撑着，实在是非常愚蠢。而这样的人在办公室里其实不在少数。其实这样说穿了，难道不是自己欺骗自己吗？因为你工作的效果已非常有限，其实那可能才是真正的浪费时间。

会工作的人，也应该会休息。工作与休息是不可分割的，若处理不好，真不知对健康有多大的影响，给人多大的压力。等身体出毛病了，才真的认识到“欲速则不达”的道理。而且我们会发现生命中最宝贵的其实是健康，为了多挣一些钱，就损害健康太不值了。况且治病不也要花钱吗？还反而耽误了工作。

工作和休息的冲突，往往是降低工作效率的主要原因。现有的工作程序或形式，阻碍了私人休息时间，使个人在工作时集中精力的程度不够，而未能达到预期的工作效果。虽然工作的意义重大，但是，如果你真的把每一分钟清醒的时间都用来工作，那就有可能是得不偿失。

一个不太会休息的人总是会影响到公司的工作绩效。到头来工作没做好，休息时间也没有，工作和健康都受到影响，这实在是舍本逐末的做法。因此，我们要搞好工作和健康的平衡，在紧张的工作中，适当放松放松，多做一些，驱散压力，消除疲劳，调节身心，使自己始终能够保持充沛的精力和良好的精神状态，轻松而又高效地开展工作。大多数情况下，一个人觉得疲惫时，稍微放松休息一小会儿，往往会产生意想不到的奇效。

思考法则：累死你的不是工作，是方法

美国总统罗斯福说："克服困难的办法就是找办法，而且，只要去找，就一定有办法。"

洛克菲勒也曾经一再地告诫他的职员："请你们不要忘了思索，就像不要忘了吃饭一样。"

在工作中，如果我们遇到了难题，就应该坚持这样的原则：找方法，而不是找借口。成功者找方法，失败者找借口。方法总比困难多，只要努力去找，解决困难的方法总是有的，而这些方法一定会让你有所收益。

美国福特汽车公司是美国最早、最大的汽车公司之一。1956年，该公司推出了一款新车。这款汽车式样功能都很好，价钱也不贵，但是很奇怪，竟然销路平平，和当初设想的完全相反。公司的经理们急得就像热锅上的蚂蚁，但绞尽脑汁也找不到让产品畅销的办法。这时，在福特汽车销售量居全国末位的费城地区，一位毕业不久的大学生，对这款新车产生了浓厚的兴趣，他就是艾柯卡。

艾柯卡当时是福特汽车公司的一位见习工程师，本来与汽车的销售毫无关系。但是，公司老总因为这款新车滞销而着急的神情，却深深地印在他的脑海里。他开始琢磨：我能不能想办法让这款汽车畅销起来？终于有一天，他灵光一闪，于是径直来到经理办公室，向经理提出了一个创意，在报上登广告，内容为："花56美元买一辆56型福特。"

这个创意的具体做法是：谁想买一辆1956年生产的福特汽车，只需先付20%的货款，余下部分可按每月付56美元的办法逐步付清。

他的建议得到了采纳。结果，这一办法十分灵验，"花56美元买一辆56型福特"的广告人人皆知。"花56美元买一辆56型福特"的做法，不但打消了很多人对车价的顾虑，还给人创造了"每个月才花56美元，实在是太合算了"的印象。

奇迹就在这样一句简单的广告词中产生了：短短3个月，该款汽车在费城地区的销售量，就从原来的末位一跃成为全国的冠军。

这位年轻工程师的才能很快受到赏识，总部将他调到华盛顿，并委任他为地区经理。

后来，艾柯卡不断地根据公司的发展趋势，推出了一系列富有创意的举措，最终坐上了福特公司总裁的宝座。

如同禾苗的茁壮成长必须有种子发芽一样，艾柯卡之所以成功，得到老板的青睐，很大程度上取决于他善于思考，积极寻找解决问题的方法。在复杂的职场中，正是秉持这一原则，艾柯卡不断力争上游，才得以成功。

有时我们花了大量时间，付出很多努力，而工作成效却很小，关键还在于我们没有找到正确的工作方法。累死你的不是工作，是方法。在工作中，我们总会遇到这样那样的问题，对此我们没有必要大惊小怪，因为没有任何问题的理想状态是根本不存在的，任何人都会在工作中遇到难题，所不同的是，每个人对待问题的态度各不相同，遇到问题我们要学会找方法。

工作中，习惯逃避问题的人面对越来越多元和复杂的工作内容，常常表现得束手无策，而那些勇于面对问题的人，不仅能够很好地适应复杂的工作，还能够在压力下做出积极反应，甚至还能在压力中得到激励。

在工作中主动找方法解决问题并能找到方法解决问题的人，总是能够以最少的时间取得最大的成果，也总能在关键时刻抓住机会脱颖而出。

附　录

一、祛除拖延的13大处方

下面是心理咨询专家为拖延时间者开出的一系列处方，供你选用，相信会给你带来奇异的效果。

1.找出使你备感苦恼的、习惯拖延的一个具体方面，然后去征服它。突破拖拉作风对你生活某一个方面的束缚，一种得到解脱和成功的感觉将会帮助你在其他方面去战胜它。

2.为自己规定一个期限。但你不要暗地里规定一个期限，这样很容易被人忽视。要让其他人都知道你的期限，并且期望你能如期完成。

3.不要避重就轻。避重就轻是人的天性，但到头来只会导致问题铢积寸累，难上加难。

4.不要因为追求十全十美而裹足不前。有些人对采取行动望而却步，因为他们害怕自己干得也许不那么完美无缺。

5.让自己把握眼前的5分钟，并努力切实地生活。先不要考虑各种长期的计划，应争取充分利用眼前的5分钟做自己要做的事情，不要一再推迟可以给你带来愉快的那些活动。

6.现在就去做你一直在推迟的事情，如写封信，实施你的写作计划。在采取实际行动之后，你会发现，拖延时间真的毫无必要，因为你很可能会喜欢自己一再拖延的这项工作。在实际工作中，你会逐步打消自己的各种顾虑。

7.问问自己："倘若我做了自己一直拖延至今的事情，最糟糕的结果会是什么呢？"结果往往是微不足道的，因而你完全可以积极地去做这件事。认真分析一下自己的畏惧心理，你会懂得维持这种心理毫无道理。

8.给自己安排出固定的时间，如周一晚上10点至10点15分专门做曾被拖延的事情。你会发现只要在这15分钟内专心致志地工作，你往往可以做完许多拖延下来的事情。

9.要珍爱自己，不要为将要做的事情忧心忡忡。不要因拖延时间而忧虑，要知道，珍爱自己的人是不会在精神上这样折磨自己的。

10.认真审视你的现实，找出你目前回避的各种事情，并且从现在起逐步消除自己对真正生活的畏惧心理。拖延时间意味着在现实生活中为将来的事情而忧虑。如果你把将来的事情转变为现实，这种忧虑心理必然会消失。

11.鼓起勇气去干一两件你一直回避的事情：一个勇敢的行动可以消除各种恐惧心理。不要再强迫自己"干好"，因为"干"本身才是关键所在。

12.如果你所拖延的事情涉及其他人(例如搬迁、夫妻生活或调换工作)，你应该与这些人商量一下，听听他们的意见。要敢于摆出自己的各种顾虑，这样将有助于你认识到自己的拖延是否完全是出于主观原因。在知心朋友的帮助下，你们可以共同分析问题、解决问题。不久，你就会完全驱散因拖延时间而产生的忧虑。

13.你要是希望改变客观世界，就不要怨天尤人，而要做些实际工作。不要总是因拖延时间而忧心忡忡，并为此而陷入惰性，应该努力消除这一令人讨厌的误区，争取投身于现实生活！做实干家，而不是希望家、幻想家或评论家。

从现在开始，实践上面的方法，不再拖延，赶紧列出自己的行动计划吧。

二、8 步增强工作行动力

立即行动既是一种习惯，又是一种做事的态度，是每一个成功者所共有的特质。比尔·盖茨曾说："想做的事情，立刻去做！当'立刻去做'从潜意识中浮现时，就应立即付诸行动。"

在日常的工作和生活中，我们要努力要求自己做到以下几点：

1.积极主动地工作

你只有以积极主动的态度去面对自己的工作，才会自信。

这样，在处理事务时，头脑才会保持清醒，内心的恐惧和犹豫也才会消散。只有如此，才能够有效地找到处理这些事务的最佳方法。

2.不为自己找借口

“明天”“后天”“将来”之类的词汇跟“永远不可能做到”的意义几乎是等同的。所以，我们要时刻注意清理自己的思想，不要让消极拖延的情绪影响了我们行动的路线。

3.不要等到万事俱备时才开始行动

因为永远都没有万事俱备的时候，这种渴望完美的想法只不过是一个幻想。

4.立即开始做手中的工作

如果你在工作中接到新任务，要学会立刻着手工作。这样，才会在工作中不断摸索、创新，一步步排除困难。如果一味地拖延、思考，只会在无形中为自己增加更多的问题，这将不利于自己在工作中做出新成绩。

5.将目标分解

如果工作目标相当艰巨，则稍稍暂缓，拿出纸来思考，记下完成工作的所需步骤，步骤的幅度愈小愈好，将它们分解为一个一个的易于达成的小目标。这样一来就能消除心里的恐惧感与无处下手的困惑，并能在阶段性的任务完成后增加你的信心。

6.10分钟计划

有些工作难以分割成小块，如想清理积压如山的公文，大约需要一小时，实在很难将它简单分割成“即时工作”。这时，可试试10分钟计划，和自己做个约定，允诺以10分钟来做这些工作，时间一到，便可自由地做想做的事，或是继续5分钟。不管工作多么令人厌烦，仍须常常去做10分钟。10分钟后，若不想接着干，则不要干，约定就是约定。在将工作撇开之前，记下另一个10分钟工作的时间。

7.坚持到底

做事善始善终才会有结果，如果朝三暮四，不能自始至终地达成一个目标，每一次都半途而废，是不能出任何成绩的。在工作的过程中，即使很普通的计划，如果能够有效执行，并且深入发展，都比半途而废的“完美”计划要好得多，因为前者会有所收获，后者只是前功尽弃。

8.立即行动不等于鲁莽蛮干

积极行动并不等同于鲁莽蛮干，在采取行动之前，我们必须要做好相应的筹划，这样，才会把问题处理得更妥当。如果仓促上阵，鲁莽行事，就会把事情搞砸。

没有行动，一切梦想与计划都不过是镜中花、水中月，而且会永远停留于幻想中。只有行动，才能为我们的工作带来看得见、摸得着的成果。决不拖延，立即行动，你才能有效掌控你的工作。

三、提高时间效率55法

把所有的时间都看作是有用的。尽量从每一分钟里得到满足，这种满足是多方面的，它不仅包括取得一定的成就，也包括从消遣中得到的快乐，等等。

尽量在工作中以苦为乐，要善于在枯燥无味的工作中发现能够引起自己极大兴趣的因素，这样可以大幅度地提高工作效率，从而大大节约时间。

在工作中一定要寻求取得成功的有效途径，把所做的一切工作都建立在期望成功的基础上。

不要在惋惜失败上浪费时间。如果经常因为某些事情的失败而惋惜，这本身就是浪费时间，而且还会造成心理上的压力。

作为一个终生乐观者，尽量把烦恼和忧愁从自己的心中排除出去，这样就可以做到每一分钟都过得有意义、有价值。

下列提高时间效率的方法你做得如何？

1.既往不悔。即使做错了也不后悔。经常悔恨以前所做过的事情，会浪费许多时间。所以从时间这个角度来看，任何懊悔都是没必要的。

2.充足的时间应用在最重要的事情上面。这是节约时间的诀窍，如果常常在不重要的事情上纠缠，就难以达到节约时间的目的。

3.经常掌握一些新的节约时间的技巧。对这些新的节约时间的技巧应尽快熟知并加以利用。

4.每天要早起，这样坚持下去就可以节约许多时间。

5.午餐要适量。午餐不可吃得太多、太饱。否则到下午容易打瞌睡，工作效率会降低。而工作效率的降低，本身就是浪费时间。

6.要学会浏览报纸，不能事无巨细全部看完，这样会浪费时间。

7.要掌握快速读书的方法，从而获得书中最主要的观点和内容。

8.不要花过多的时间在电视机上，只要看一看有关新闻和关于业务方面的节目即可。

9.尽量让家与公司之间的距离短一些。这样，在上班时就能够在很短的时间内到达办公室，下班时也能在很短的时间回到家，把浪费在上下班路上的时间降到最低限度。

10.对自己的习惯要经常进行反省，好的保留，不好的坚决改掉。

11.别空等时间。假如必须花费时间进行等待，如等车、等电话等，应当把等待当作是构想下一步工作计划的良机，或者用它来看书看报。

12.把表拨快五分钟，每天提早开始工作。

13.口袋里经常装有10×17厘米的空白卡片，以便随时记下各种有价值的资料，以备使用。这样可以节约大量的翻阅报刊的时间。

14.每月修正一次生活计划，删除那些微不足道的内容。

15.每天阅读一次当天的计划表，并确定当天的工作内容，以便使当天的活动有条不紊地进行。

16.把所要完成的工作写成一句话贴在办公室里，以便提醒自己。

17.在处理必须处理的小事情的同时，要把重要的工作、目标记在心中，并善于在处理这些小事情中发现能够促成重要工作目标迅速实现的重要线索。

18.早上上班后的首件事，就是排列好当天工作的优先次序。

19.按照事先排列的次序制成一张表，把重要的工作放在最前面，并尽快去完成。

20.在每月制订计划时要有弹性，最好在计划中留出空余时间，以便应付紧急情况。

21.在完成重要工作项目以后，要进行适当的休息，以求得工作和休息的平衡。

22.首先去做最优先的事项。

23.对难度较大的工作要智取，不要蛮干。

24.先做重要事项，后做次要事项。

25.对哪些事情应列为优先事项，要有信心做出精确的判断。而且，要不畏困难，坚持到底。

26.经常问问自己："若做这些事情，会不会产生效果？"如果不会，就干脆不做。

27.工作中绝不能有拖延现象，一旦发现拖延，就集中精力去解决它，以便恢复正常的工作秩序。

28.要善于灵活运用80/20规则。

29.要经常从较大的计划中最有利的部分下手，其余部分可以暂时不做。

30.要果断地结束毫无价值的活动。

31.对优先工作要给予足够的时间。

32.注意锻炼身体，以便有能力长时间地集中工作。下午必要时才去参加有关会议。

33.一次最好只专心致力于一件事。

34.自己感到马上可以取得成功时，就要加紧去做，不要耽误。

35.要养成逐条检查日常工作计划表的习惯，看看是否有意跳过了困难的项目。

36.制订文件时不要怕花费时间，一定要深思熟虑。

37.在精力最佳的上午独立投入工作。

38.对自己的每一项工作都要确定完成的期限，要尽可能在期限内把它完成，绝不可超过期限。

39.在讨论问题和听演讲时，一定要专心听讲，以免事后再花费时间找人解释。

40.不要浪费别人的时间，浪费别人的时间就等于谋财害命。

41.尽可能把一些不重要的琐事委托给你的下属去办。

42.碰到专业性很强的问题时，一定要请专家帮忙。因为你在两三天中弄不清楚的问题，专家会在一两个小时甚至几分钟内就能帮助你弄清楚。

43.如果担当重要职务，最好学会分身，请专人为你管理信件、电话和处理琐事。

44.尽量减少对公文的批阅，那些不重要和毫无价值的公文可交给下属批办。

45.把回复各种问题的答案都写在文件上，有人来问时，把文件交给他看就可以了，从而避免谈话时可能造成的时间过长问题。

46.要把主要的工作项目摆在办公桌的桌面上。

47.各种常用或不常用的物品要各有定位，这样可以避免在寻找时浪费太多时间。

48.每月要计划出三个小时或每周拿出一个小时的时间来处理身边的琐事。如果等到这些琐事积压过多再去处理，必然会花费更多的时间。

49.尽量不在周末想工作问题，真正使自己放松下来，以便恢复体力和精力。

50.即使在工作时，也应当适当轻松一下。

51.有时难免会做些无法控制的事，因而浪费时间，但不可因此而恼恨自己。

52.工作中要寻找最有效的步骤，以推进工作目标的迅速实现。

53.要把精力始终集中在具有最大利益或长期利益的事

情上。

54.要不断地问自己：“现在，我最佳的利用时间之道是什么？”

55.在工作时，尽量少讲话，全力投入，一气呵成。